世界をめぐる会計歴史紀行

新たな地平を求めて

Italy
Flanders
Netherlands
Great Britain
United States
Japan

渡邉 泉

税務経理協会

目次

目次

目　次

目次

目　次

目　次

プロローグ：会計学の原点を求めて

複式簿記は一三世紀イタリアで発祥

本書のタイトルは、『世界をめぐる会計歴史紀行―新たな地平を求めて』である。会計の誕生とその進化の歴史を辿って、世界の各地を訪ね歩いて行こうというものである。会計や簿記という言葉を耳にすると、もうそれだけで敬遠してしまう人が多いと思われる。しかし、われわれの毎日の生活が経済活動と切っても切れない関係にあることは、新型コロナの感染拡大によっていやというほど知らされた。この経済活動の実質的な根幹である損益計算を担っているのが会計なのである。わたしたちの日常生活をつぶさに見ていくと、会計は、決して経済活動の単なる従属変数ではないことがわかる。会計は、まさにわれわれの経済活動そのものであり、その中心に位置している研究対象なのである。われわれの生活の重要な部分を占める経済は、日常生活における財貨や情報の流れ、企業活動に伴う利益の計算や国家の財務状態の計算を担っている。この経済現象の中心に位置してお金の流れや利益の計算を行っているのが会計なのである。

詳しく見ていくと、会計の中心的な役割は、企業や団体や国を取り巻くすべての利害関係者に、それらの財務活動とその成果についての情報を提供するところにある。具体的には、株主が企業に投資をするに際し、その意思決定に関わる有用な情報を提供することである。有用な情報の中心は、いうまでもなく企業損益である。企業が一年ないしは半年間で獲得した利益がどれだけあるのか、どのようにして獲得したのかを明らかにする技法《アート》が会計であり、より厳密には、会計の損益計算構造を支えているのが複式簿記なのである。

　ではこの複式簿記は、いつ頃、何処で、どのような役割を担って誕生したのであろうか。その答えは、ルネサンス前夜、イタリアがまだヴェネツィア共和国、フィレンツェ共和国、ジェノヴァ共和国、ミラノ公国やナポリ王国といった多くの都市国家に分かれていた頃のことである。イスラム教徒によって奪われた聖地エルサレムを奪回するために結成された都合一八〇年にも及ぶ十字軍の遠征（1095－1270）によって、多くの人・物・金・情報がイタリアの北方諸都市に集積される。こうした状況下で物の売買や金銭の貸借に伴って商業が活性化し、商業資本が一三世紀の初めのイタリア北方の諸都市国家で形成されていく。時代は少し遅れるが、わが国の戦国時代後期の天文一八年（1449）に、近江の国の六角定頼（1495－1582）が最初に開き、その後斎藤道三（1494?－1556）や織田信長（1534－1582）によって美濃に設けられた楽市楽座（1567）が商業資本を形成していく状況と同じであったといえよう。

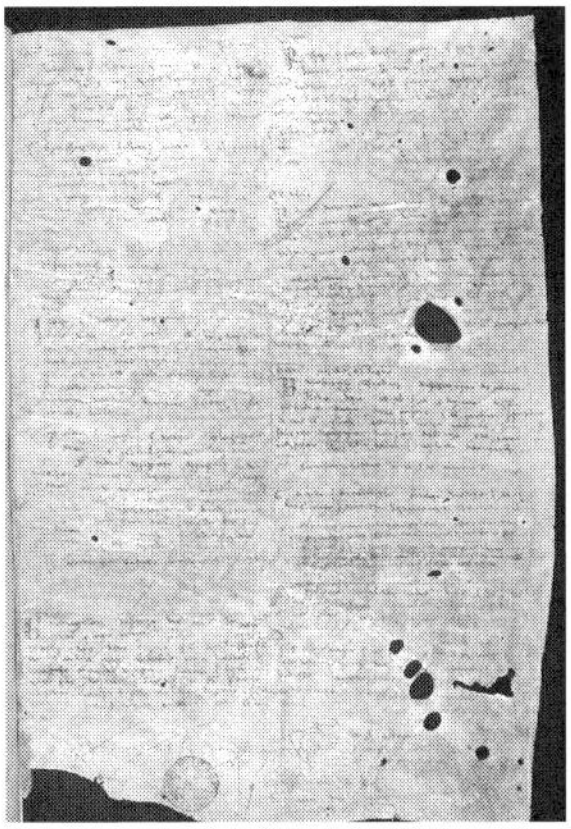

最古の勘定記録の第１葉表頁

　まるで資本主義の落し子のように思われている簿記・会計であるが、その誕生の歴史を辿っていくと、ルネサンスよりも百年程も遡ることに驚かされる。複式簿記による最古の史料（1211）は、すでに八〇〇年以上も前から存在し、その勘定記録が今もフィレンツェの図書館に保管されている。

複式簿記は信頼性確保の手段として誕生

しかしながら、複式簿記の誕生当初の役割は、今日のように利益を計算するためではなく、取引に伴って生じるトラブルを避けるための文書証拠にあった。金銭の貸借にトラブルが付きまとうのは、今も昔も同じである。「貸したお金を返して欲しい」、「もう返したではないか」、「いやまだもらっていない」。こういった諍《いさか》いは、取引があるところには必ずといっていいほど付きまとう。金銭のトラブルは、シェイクスピアの戯曲『ヴェニスの商人』(1594)でも描かれているところである。係争を回避するために、当時の商人たちは、金銭の貸借が生じる時、公証人を交えて公正証書(一種の借用証書)を取り交わした。こうしておけば、もし裁判になった時でも、それが証拠書類として生きてくるからである。

しかし、日々の膨大な取引すべてに公証人役場に出向いて公正証書を作成するには、あまりにも膨大な手間と時間、それに多額のコストがかかり過ぎる。こうした手間とコストを避ける良い方法はないかと、当時の商人たちは知恵を絞った。その答えが、日々の取引を正確に記録している複式簿記の活用であった。この帳簿を公正証書の代わりに利用しようとしたのである。そのためには、何よりも先ず、帳簿が誰からも信頼されるものでなければならない。ではどうすれば帳簿に公正証書と同様の信頼性を与えることができるのか。またここで商人たちは、知恵を絞ることになる。こうして辿り着いた答えが、キリストの助けを借りることであった。

帳簿に十字架を記し、そのすぐ後に「神の名において、アーメン」(In Nome di Dio, Amen=In the Name of God, Amen)と書き込み、帳簿に記されている内容に嘘・偽りがないことを神に誓ったのである。このことは、帳簿の真実性、取引記録の信頼性こそが会計ないしは複式簿記の根本理念であるということをわれわれに伝えてくれている。会計の利益計算構造を支えている複式簿記は、取引記録の信頼性を確保するために誕生したといえる。損益計算という役割は、複式簿記が発生した当初ではまだ潜在化していて、その役割が第一義的になるのには、さらに百数十年の時を要した。複式簿記が単なる債権・債務の備忘録ではなく、企業の総括損益を計算する技法としてその科学的地位を確立するのは、一四世紀前半になってからのことである。

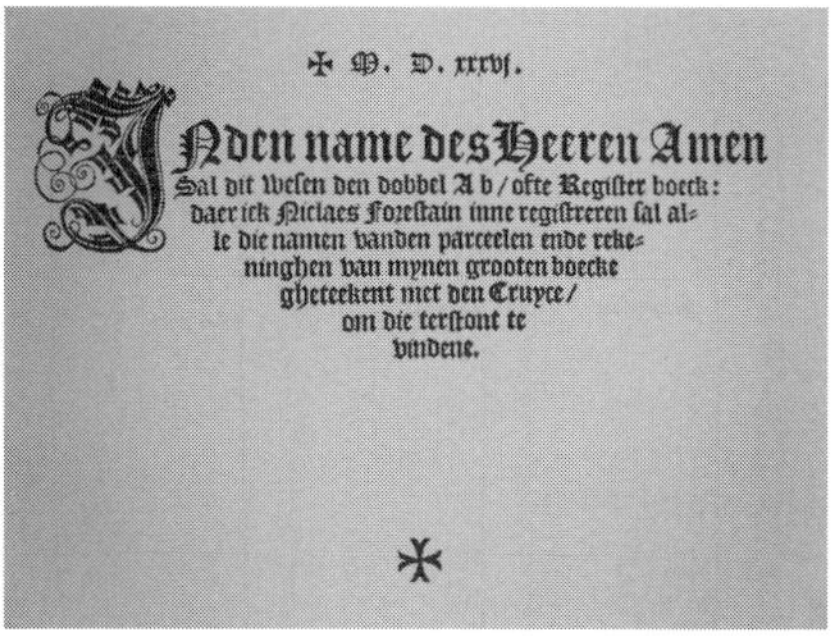
✠ M. D. xxxvj.

Inden name des Heeren Amen
Sal dit wesen den dobbel A b / ofte Register boeck:
daer ick Niclaes Forestain inne registreren sal al-
le die namen vanden parceelen ende reke-
ninghen van mynen grooten boecke
gheteekent met den Cruyce/
om die terstont te
vindene.

インピン簿記書オランダ語版の神への誓いの文言

備忘録から損益計算へ

文書証拠として発生した複式簿記は、発生当初から帳簿記録によって損益を正確に計算することはできなかった。しかし、その記録計算構造の中に、損益計算機能を内在させていたのは、明らかである。ただ、当時の度重なる貨幣の改鋳による複雑な度量衡の計算やその計算を行う肝心の教育制度の不備等が災いして、現実に帳簿記録から正確な損益を計算することは、現実的には非常に難しかったといえる。そのため、複式簿記の発生当初では、厳密な取引記録はしていたものの、その記録から損益を計算するまでには至っていなかったのである。これが発生から完成まで百数十年の時を要した原因である。それでも、経済学の確立として位置づけられるアダム・スミス（1723－1790）の『国富論』（1716）が出版されるよりも遥か四〇〇年以上も前のことである。

かのドイツの詩人ゲーテ（1749－1832）をして「人間の精神が発明した最も素晴らしいものの一つである」と言わしめた複式簿記は、世界の覇権の推移に伴い、イタリアからフランドル・オランダへと継承され、やがて産業資本の勃興に伴ってイギリスで会計学へと進化し、アメリカに受け継がれていく。そして、明治維新を迎えると、アメリカやイギリスで出版された簿記や会計に関する書物が数多く翻訳され、わが国固有の簿記である帳合法に代わり、近代化という名のもとで、実務と教育の両面から、挿げ替えられていくことになる。近代化という御旗のもとで、会計学もまた欧米のシステムに転換させられていく。ありとあらゆる分野で、国際化の波が押し寄せてくる。会計学もまた然りである。明治維新以降、伝統的なわが国固有の帳合法も洋式簿記に置き換えられ、また昨今でも、国際化の影響を強く受け、会計学もグローバリゼーションという名の大きな流れに棹を差しているだけのように思えてならない。

しかし、歴史を振り返ると、会計を誕生させた本来の役割が今日いわれるような有用性ではなく信頼性にあったことがはっきりと見えてくる。現代会計が歩んでいる方向は、会計の原点である信頼性を忘れて、有用性というどこか違った方向を目指しているのではという疑念というか不安にしばしば襲われる。この不安は、何処からくるのであろうか。何時頃から生じてきたのであろうか。それを教えてくれるのが歴史である。その対処法を教えてくれるのもまた歴史である。

歴史研究のあり方

会計学は、極めて実践的な科学である。実用性や有用性ばかりを追いかけるあまり、会計事象を科学的に認識し、普遍的・体系的知識を思弁的に捉える意識がどうしても置き去りにされ勝ちである。そうした状況から脱け出すためには、何よりも歴史に立ち帰る必要がある。

かつてドイツの歴史家レオポルト・ランケ（1795–1886）は、歴史家の仕事は、「ただ本当の事実を示すだけである」といったが、この「本当の事実」というのが厄介な代物なのである。フリードリヒ・W・ニーチェ（1844–1900）は、「『存在するのは事実だけだ』として現象のところでたちどまってしまう実証主義に対してわしは言いたい。違う、まさにこの事実なるものこそ存在しないのであり、存在するのは解釈だけなのだ」と主張した。

だとすれば、事実と思われる歴史も歴史家の意図や解釈、史料の選択によって大きく変わってくる。歴史は、歴史家によって造られるフィクションの世界なのであろうか。そこで登場するのが、ミシェル・フーコー（1926-1984）である。これまでの思考の歴史に留まっていた歴史観を批判し、余分な解釈を一切加えず現に存在する歴史的事実のみと対峙する重要性を強調した。この点については、ランケは、「歴史の全体というものを、たんに事実の厖大なる複合体とみなし、それを記憶にとどめさえすれば能事終りとするような歴史家もまた、間違っている」という。

では、歴史研究にとって大切なのは一体何であるのか。アメリカの歴史家カール・ベッカー（1873-1945）は、歴史とは、歴史家がこれを創造するまでは決して存在することはなかった。なぜなら、「歴史上の事実は純粋な形式で存在するものではなく、・・・いつも記録者の心を通して屈折して来るもの」だからだという。かのエドワード・ハレット・カー（1892-1982）が一九六一年のケンブリッジ大学の講演「歴史とは何か」で、「歴史とは歴史家と事実との間の相互作用の不断の過程であり、現在と過去との間の尽きることを知らぬ対話」であると述べたのは余りにも有名である。

歴史研究は、現実の姿を実直に映し出す映像でなければならないが、歴史家というフィルターを通して覗き見るとき、それぞれの立ち位置によって、万華鏡のように見えるのかも知れない。それでも、ＳＤＧｓが喫緊の課題になった状況下では、現状の単なる実証分析ではなく、歴史（過去）というフィルターを通して、現代をそして未来を見つめ直していくことが重要になる。

本書の目指すところ

本書では、複式簿記が一三世紀初めにイタリアで誕生し、一七世紀を迎えたフランドル地方やオランダで多くの近代的なシステムに発展させ、やがてイギリスで質的な変容を遂げながら会計学へと進化し、それがアメリカで管理会計といった新たな手法で花開き、わが国へと伝わってくる。こうした足取りを追って、深淵なる会計が歩んできた歴史の道のりを、それぞれの都市が持つ魅力あるところを訪ねながら、読者と一緒に旅していくのが目的である。

ただここで少し断っておかなければならないのは、本書のタイトルは、『世界をめぐる会計歴史紀行―新たな地平を求めて』となっているのに、第1話から第3話までは複式簿記が誕生し、完成へと辿っていく道のりの説明が中心になっている。「複式簿記と会計は同じなのか」、「簿記と複式簿記は？」あるいは「会計と会計学はどう違うのか」といった疑問が生じてくる。もちろん、言葉が違うように厳密にはいずれも、同じではない。ごく単純にいえば、複式簿記は、利益を計算するために、原因（フロー）と結果（ストック）の二つの側面から日々の取引を正確に記録し、企業の総括的な損益を計算する技法《アート》である。それに対して会計学は、複式簿記で求めた利益を株主に代表される利害関係者に提供する役割を担っている。さらに、少し乱暴な言い方をすれば、簿記（複式簿記）も会計学も広い意味では会計に含まれるということができるのかも知れない。そうした専門的な解説に興味のある人は、参考文献に挙げた拙著を読んでいただくとして、本書では、簿記会計を誕生させ、進化させていった足跡をゆっくりと散歩することにしたい。

先にも述べたが、経済学は、アダム・スミスによって完成したといわれるが、その研究対象である経済活動は、人類の誕生と共に発生している。それと同様、会計学は、一九世紀の同じくイギリスで誕生するが、会計行為は、経済行為と共に遥か昔から存在していた。こうした点も考慮に入れながら、最後まで読み進めてもらいたい。

いささか前置きが長くなったが、会計の歴史への旅の始まりである。会計が辿ってきた八〇〇年という悠久の時を読者と共に旅することにしたい。会計を誕生させ、進化させていった国や町の魅力に触れながら、会計の役割や必要性を再認識し、エピローグにおいて現代会計学が抱えるさまざま問題点を探っていくことにする。最後まで付き合ってもらえることを願いながら。さあ、「会計の歴史への旅立ち」の幕開けである。新型コロナ（COVID－19）によって世界を自由に旅することができない現状の憂いを本書で振り払い、会計の深淵に分け入ってもらいたい。

第１話：複式簿記の誕生

イタリア各地を訪ねて

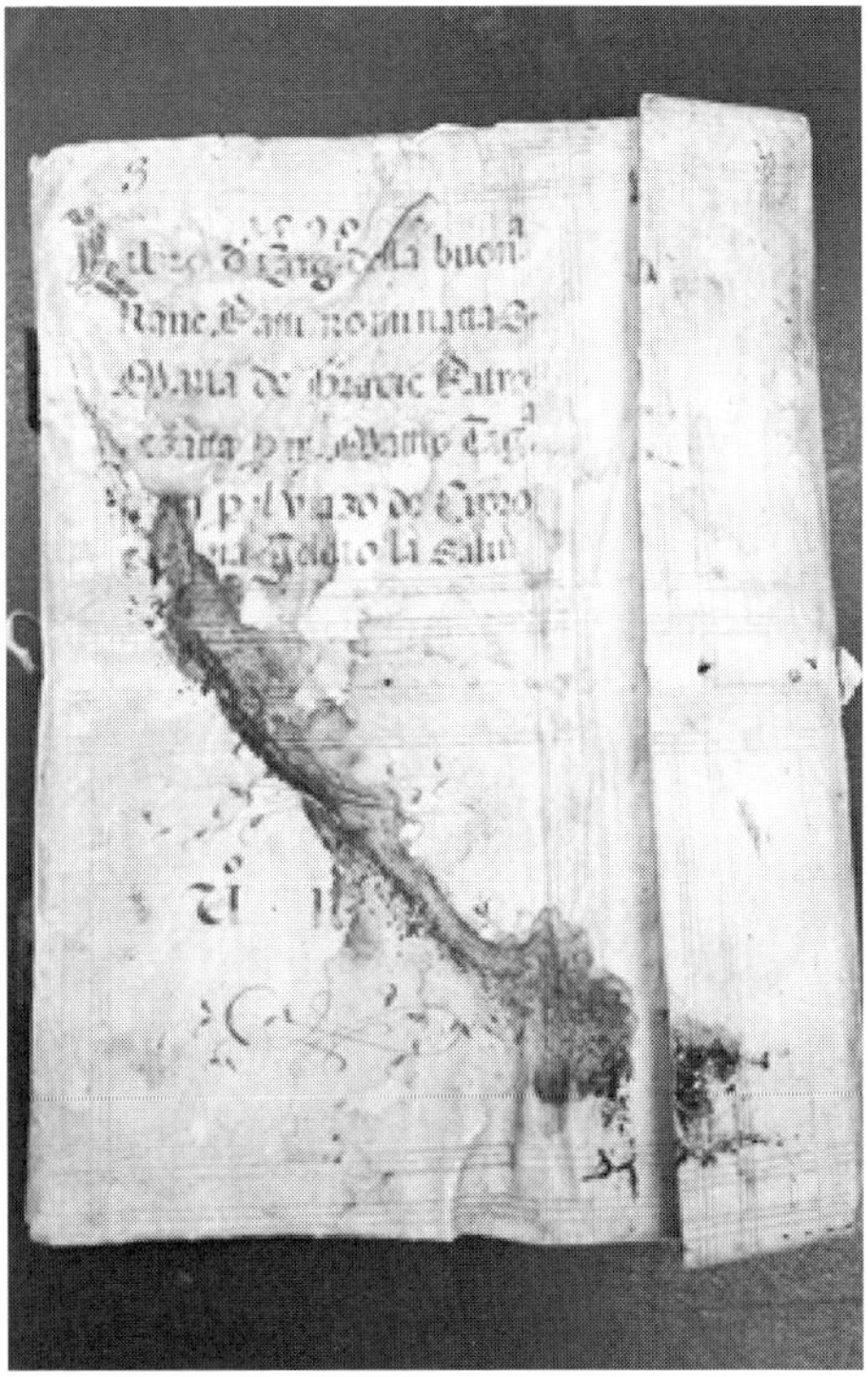

1　複式簿記発祥の地フィレンツェ

われわれが会計と呼ぶとき、ごく一般的な解釈では、会計と会計学、あるいは会計と簿記、ないしは簿記と複式簿記あるいは単式簿記との区別はそれほど厳密になされているわけではない。学問的には、これらの概念の明確な区分けは、極めて重要になるが、ここでは、会計を広い意味で簿記や複式簿記、あるいは会計学も含めた用語として用いることにして、話しを進めていくことにする。初めから深く考え過ぎると、折角の楽しい旅なのに、周りの美しい風景が目に入らなくなってしまう。考え事は、旅の終わりですることにして、先ずは会計発祥の地イタリアの各地を訪ねてみよう。

複式簿記が誕生したのは、一八六一年に統一国家イタリアが誕生する遥か昔のルネサンス前夜のヴェネツィア共和国やフィレンツェ共和国、あるいはミラノ公国やジェノヴァ共和国といった都市国家が隆盛を極めていた一三世紀初めの時代であった。そこで、まず旅の手始めとして、花の都フィレンツェと水の都ヴェネツィアの町を散策することから始めることにする。

フィレンツェと最古の勘定記録

会計の歴史の旅を始めるにあたって、初めに訪れなければならない町の一つがフィレンツェである。なぜなら、現存する最古の会計に関する帳簿がフィレンツェの両替商（現在の銀行）の勘定記録であるからである。

フィレンツェを訪れてすぐに目に飛び込んでくるのが、一四〇年の時をかけて一四三六年に完成した、一般にドゥオーモと呼ばれているサンタ・マリア・デル・フィオーレ大聖堂である。いつもは観光客でごった返しているが、テレビを通して見る限り、新型コロナ禍のもとでは、さすがに観光客の姿はほとんど見られない。すぐ前のサン・ジョヴァンニ洗礼堂は、当時の著名な彫刻家ロレンツォ・ギベルティ（1378－1455）とジョヴァンニ・ピサーノ（1290?－1348）が作成した青銅製のレリーフで有名である。初めて訪れた異国の地がイタリアであった人は、木の文化にない石の文化の荘厳さに圧倒されるであろう。

フィレンツェのドゥオーモの横顔

サン・ジョヴァンニ洗礼堂の扉

会計に関する最古の記録は、一二一一

年にフィレンツェの一銀行家が貸付金とその返済を詳細に記録したわずか二枚の羊皮紙に書かれた勘定記録である。当時はまだ紙が非常に高価であったため、比較的安価でしかも長期の保存に適した羊皮紙が一般に用いられていたようである。この現存する最古の勘定記録は、現在フィレンツェ駅近くのメディチア・ロレンチアーナ図書館にCodice, Laurenziano Aedil 67として分類され、保管されている。縦四三cm×横二八cmのほぼA3の大きさである。一五世紀に執筆された新ローマ法典のカバーとして用いられていた。羊皮紙は、紙よりもはるかに丈夫なので、カバーには適していたのであろう。これをイタリアの言語学者ピエトロ・サンテイニが一八八〇年代に解読し、当時の商人たちが記録した取引記録であることを明らかにし、会計、厳密には複式簿記に関する最古の勘定記録であることを突き止めたのである。

この最古の勘定記録は、現在メディチ家礼拝堂に隣接するサン・ロレンツォ教会の左端の入口から回廊を真っすぐに進んだ2階のメディチア・ロレンチアーナ図書館に保管されている。何度も訪れているのだが先般訪れた時には、名前を告げると、書記官は、私の名前に記憶があるといって、奥から一九八〇年に初めて訪れた時に記帳した閲覧カードを取り出

メディチア・ロレンチアーナ図書館の回廊

してきた。それには、さすがに驚かされた。訪ずれる東洋人は、まだそんなに多くはいないということであろうか。

帳簿の冒頭には十字架が記され、続けて「神の名においてアーメン」という文言も書き込まれている。この記録には決して嘘偽《うそいつわ》りがないことを神に誓ったのである。そこには、財布職人の息子たちに、保証人をたてて、金銭を貸し付けた記録がなされている。利息は、なんと年四〇％の高利である。さらに帳簿には、支払いが遅れたとき、罰則として二〇％の金利を付加するとも書かれている。当時の貸付金利の余りの高さに驚かされる。もちろん、貸倒損失も計上している。それだけ、貸したお金が帰ってこないリスクが高かったということであろうか。

花の都の大聖堂

北のヴェネツィアと呼ばれた一四世紀初め頃のブルージュでは、都市法で年利率四三・三％を超えてはならないと定められていたという。イタリアだけではなく、当時のヨーロッパでも回収のリスクは、それだけ高かったといえる。ただし、一六世紀頃になると、こうした高金利状態も少し緩和され、当時のイギリスの貸付金利は、一〇％程度に落ち着いていたようである。当時の国境を越えた取引が一般的になっていた状況とイギリスの金利を考慮すると、イタリアにおいても一六世紀頃には同程度の金利に下がっていたのではなかろうか。

サン・ロレンツォ教会の北側から東に延びるプッチー通りには、所狭しと革製品や日用雑貨の露店が立ち並んでいる。通りを右に折れると、学生時代に簿記の講義でいつも耳にした花の大聖堂ドゥオーモ（サンタ・マリア・デル・フィオーレ大聖堂）とジョットの鐘楼が忽然とその雄姿を現す。ジョットの鐘楼の最上階からは、ドゥオーモのてっぺんを飾る臙脂色の円形のクーポラを見ることができる。すぐ向かいのサン・ジョヴァンニ洗礼堂の裏手にあるドゥオーモ付属博物館、いずれをとっても荘厳さや収められた作品には、その見事さにただ息を飲むばかりである。

フィレンツェ：プッチー通りの露店

ジョットの鐘楼とドゥオーモの夜景

ドゥオーモを出て素敵な店が立ち並ぶカルツァイウォーリ通りを南に下るとシニョリーア広場に出る。共和政時代から政治の中心で、そこには高さ九四ｍの鐘楼をもつヴェッキオ宮殿とコジモ1世の騎馬像やミケランジェロ

シニョリーア広場に集う群衆

のダビデの像のレプリカが置かれている。かつて、私の先輩が一年間フィレンツェに留学した時、夏休みを利用して奥様が来られ、よくこのシニョリーア広場のカフェでコーヒーを注文されたそうである。その時、決まって運ばれてきたのが、なんとコーラであったという。やはり、コーヒーは日本語で、現地ではカフェといわないと通じないのであろうか。われわれ日本人の発音やアクセントは、外国人には伝わりにくいということであろう。すぐその南には、フィレンツェを訪れた人なら、必ずといっていいほど足を運ぶウッフィッツィ美術館がある。

　ウッフィッツィ美術館には、ルネサンスにおいて中心的な役割を果たした誰もが知っている画家たちの絵が各部屋に勢ぞろいしている。ダヴィンチの「受胎告知」にボッティチェッリの「ヴィーナスの誕生」、ラファエロの「ヒワの聖母」やティツィアーノの「ウルビーノのヴィーナス」といっ

アルノ川から見たウッフィッツィ美術館

た数え上げるときりがない中世を代表する名画が所狭しと展示されている。

ピッティ宮殿とフィレンツェの古文書館

アルノ川を挟みウッフィッツィ美術館とヴァザーリ回廊でつながっているのがメディチ家のライバルであったピッティ家が一四五八年に着工し翌年に完成したといわれているピッティ宮殿である。そこには、四五〇〇〇㎡もの広さを誇るボボリ庭園が広がっている。ベンチに座って、市内観光で歩き疲れた足と身体にひと時の休息を与えてやることができる。

ピッティ宮殿のボボリ庭園

ピッティ宮殿からヴェッキオ橋を渡ってウッフィッツィ美術館の方に戻る。アルノ川沿いに東に行き、少し北に歩くとサンタ・クローチェ教会が見えてくる。この教会は、一四世紀末に完成したフランチェスコ修道会で、そこには、ミケランジェロ、ダンテ、マキャヴェリやガリレオといったわれわれもよく耳にする歴史上の著名な人物の墓碑が並んでいる。

多くの世界遺産にばかりに心を奪われていて、肝心かなめの会計との接点を忘れていたのでは、本末転倒である。ここで、フィレンツェの多くの商人たちの帳簿が保管されているフィレンツェの古文書館に足を運ぶことにする。イタリアの古文書館の人たちは、皆が英語に堪能というわけではないので、やはりイタリア語が話せた方が良いのは、いうまでもない。この古文書館は、サンタ・クローチェ教会から東北東に一〇分ほど歩いたジオビーネ・イタリア通りに面したところにある。

フィレンツェの古文書館には、数多くの商人の帳簿が保管されている。すでに見てきたように、複式簿記に関する最古の記録は、一二一一年のフィレンツェの一銀行家の勘定記録であるが、同時代の現存する他の帳簿を分析すると、この時代の記帳の第一目的が取引の正確な記録にあったことが判ってくる。正確な記録によって、帳簿の信頼性を勝ち取ることにあった。

ミケランジェロが眠るサンタ・クローチェ教会

フィレンツェ古文書館

詳しくはすぐ後で述べるが、これらの取引

記録からは、簿記・会計の本質である損益計算をまだ見出すことはできない。一四世紀前半までの記帳の第一目的は、文書証拠にあったからである。厳密には、損益を計算していないというよりも計算することができなかったというべきであろう。なぜなら、当時の貨幣は、しばしば改鋳されそのたびに各都市国家間での交換比率が変更され、取引に伴う計算は、極めて煩雑を極めた。それに加えて、当時はまだ今日のように教育が普及していたわけではなく、計算はおろか識字率も低く、正確な損益計算どころではなかったのである。こうした状況は、フィレンツェに特有なものではなく、当時のすべてのイタリアの都市国家や近隣の国々にも共通する現象であった。

当初は実地棚卸で利益を計算

一三世紀から一四世紀初めにかけて残存する商人の帳簿は、そのほとんどが、利益の計算は、帳簿記録から求めるのではなく、ビランチオという一種の財産目録を作成して、実地棚卸によって行っていた。いわば小使帳からではなくポケットに残ったお金から逆算して使ったお金を計算したように、記録にもとづく複式簿記には、まだ正確に損益を計算する機能が熟成していなかったのである。当時の代表的な帳簿がアルベルティー商会の第1回の秘密帳、ペルッチ商会帳簿やフィニー商会の帳簿、あるいはデル・ベーネ商会やアルベルティー商会の第2回組合の秘密帳などがあげられる。これらの帳簿は、すべてフィレンツェの古文書館に保管され、いつでも閲覧できる。残念ながら現在は、ヴェネツィアの古文書館とは異なり、それらの写真を撮ることは許されていない。

アルベルティー商会の帳簿は、初めから利益を計算するための損益勘定が元帳に設けられていないが、ペルッチ商会やフィニー商会あるいはデル・ベーネ商会の帳簿では、損益勘定が設けられている。しかし、この段階では、損益勘定で計算した利益と実地棚卸で求めた利益の間に大きな落差があったため、最終的には、損益勘定は締切らないで、そのまま放置されていた。度量衡が複雑で、何よりも電卓やエクセルがなかった時代では、とても正確な利益計算をすることなど困難というよりもむしろ不可能に近かったものと思われる。このビランチオの利益と損益勘定の利益がかなり接近してきたのがコボーニ商会の帳簿（1336－1340）である。実地棚卸の利益と帳簿記録による利益が一致する複式簿記の完成まで、あと一歩のところである。この帳簿もフィレンツェの古文書館に保管されている。会計の歴史に興味のある人は、一度は訪れてみたい所である。

2　ダンテ終焉の地ラヴェンナとモザイク

初めてのラヴェンナ

一週間のフィレンツェ滞在からヴェネツィアに行く前に、少しばかりの寄り道を思いついた。今回の旅は、退職後の気ままな旅なので、会計とは関係のないモザイクで有名なラヴェンナに立ち寄ってみることにした。以前から一度はどうしても行ってみたいと思っていたところである。フィレンツェから列車に乗りボローニャで乗り換えて、ほぼ三時間たらずの小さな町である。駅からゆっくり歩いて、一〇分ほどのところにあるサンタポリナーレ・ヌオーヴォ教会があり、そのすぐ隣に宿を取った。わずか四日ほどの滞在ではあるが、会計とは無縁の中世ヨーロッパの世界をのんびりと過ごすことにした。

ホテルに着くと、すぐ近くなので、ともあれサンタポリナーレ・ヌオーヴォ教会に行ってみることにした。五世紀末から六世紀に初めに建造されたという古い石造りの教会である。左右の壁には、殉教者の行列がモザイクで描かれ、フィレンツェやヴェネツィアとは一味も二味も異なる遥か昔のビザンチン様式の壁画である。その華麗な美しさには、思わず息を飲み込み、圧倒されるばかりであった。中世前期の建物や文化は、中世後期のフィレンツェやヴェネツィアのそれとは、まったく異質の香りを漂わせている。このような美しさが何故フィレンツェやヴェネツィアに受け継がれなかったのか、不思議に思えてくる。

サンタポリナーレ・ヌオーヴォ教会の壁画

モザイクの天井壁画の美しさに絶句

翌日ホテルでタクシーを頼み、郊外のサンタポリナーレ・イン・クラッセ教会に足を運んだ。これもまた六世紀半ばに初代司教の墓所の上に建てられたという。天井ドームにはキリストが、左右にはマタイ、マルコ、ルカ、ヨハネといった弟子たちのモザイクが美しく描かれている。帰りに立ち寄ったサン・ヴィターレ教会は、六世紀初めに建てられたというが、その内部のモザイクには、ただただ息をのむばかりの美しさである。同じ敷地内にあるガッラ・プラチディア霊廟は五世紀半ばに建てられ、その壁一面と天井に描かれた鳩と盃のモザイク画のすばらしさは、格別である。フィレンツェや次に訪れるヴェネツィアよりも時代は遥かに古く、キリスト教の影響が強くモザイク画に表れている。その他に

サンタポリナーレ・イン・クラッセ教会

サン・ヴィターレ教会のモザイク

も、八角形の天井、壁や床いっぱいに広がったモザイクの美しさは、とても言葉では言い尽くせないものがある。中世前期のキリスト教の教会でワインを作り、食物を育て、それを販売して教会の運営費の一部に利用している。その際、ワイン作りにかかった製造原価の計算も行っている。もちろん、一八世紀末から一九世紀にかけて、イギリスの製造工場で見られた厳密な原価計算制度ではなく、また一四世紀のイタリアで見られた工業簿記にも至らない、極めて単純で原初的な原価の計算に過ぎないが、修道院にはこうした史料も残されている。

ダンテ終焉の地ラヴェンナ

ラヴェンナに来て初めて知ったのだが、フィレンツェ生まれの詩人ダンテ・アリギエーリ（1265–1321）がここに眠っていることである。「あゝわれダンテの奇才なく、バイロン、ハイネの熱なきも」と若き頃に口にした与謝野鉄幹（1873–1935）の「人を戀ふる歌」のダンテの墓である。ただ鉄幹の歌詞は、ダンテではなくコレッジだという一家言ある人がいたり、奇才ではなく詩才だという者もいる。鉄幹の原詩が加工されて、三校の寮歌ではコレッジがダンテに、奇才が詩才になっている。さてさてどれが正しいのやら。そんなことなどあまり深く考えもせずに、友と杯を交わす時にはよく口にしたものである。なお、コレッジというのは、イギリスのロマン派の詩人サミュエル・テイラー・コールリッジ（1772–1834）のことのようである。それはさておき、ダンテは、故

ダンテの墓

郷のフィレンツェを追われ、この地ラヴェンナで最後を迎えることになる。ダンテの墓は、ホテルから七、八分のところにある。すぐ近くに沢山の店が並ぶポポロ広場があり、フィレンツェよりもさらに一昔前の異文化の世界に迷い込んだような四日間の休息であった。

3　水の都ヴェネツィアの街並み

水の都ヴェネツィア

ラヴェンナから列車に乗り、再びボローニャで乗換えて、もう一つの目的地ヴェネツィアに向かう。サンタ・ルチア駅から水上バスでサン・マルコ広場に行き、近くのホテルに向かった。

共和国時代の公式行事の中心であったサン・マルコ広場

サン・マルコ広場の露店

聖マルコの遺骸を祭ったサン・マルコ寺院

共和政時代の政治の中心ドゥカーレ宮殿

の東端に、サン・マルコ寺院とその南隣にドゥカーレ宮殿がある。この東には運河を渡すため息橋がある。ドゥカーレ宮殿の裁判で有罪が決まるとこの橋を渡って石牢に投獄される。一生日の目を見ることができず、見送る人も見送られる人も思わずため息が出たという。そこからこの名がついたといわれている。

ドゥカーレ宮殿の前の小広場からサン・マルコ運河を挟んでサン・ジョルジョ・マッジョーレ教会の鐘楼を望む夕もやに霞む景色は、ヴェネツィアにきたという実感を与えてくれる。また、南西のサンタ・マリア・デッラ・サルーテ教会の巨大なクーポラを望む光景もまた、過ぎ去る人の世の儚さをしみじみと感じさせてくれる。

サン・マルコ広場の旧行政館のサン・マルコ寺院側に一五世紀末に建てられた古いからくりの時

サン・ジョルジョ・マッジョーレ教会を望む

夕暮れのサンタ・マリア・デッラ・サルーテ教会

計塔がある。一四、一五世紀にヨーロッパで機械時計が作られ、町の各地に時を知らせる時計塔が出現する。それまでは、時間は神が支配し、日時計や砂時計といった天文時計が存在していたが、一四世紀の終わりごろになると機械時計が出現し、町の中心に時計塔が設置され、市民に時を知らせてくれる。文字盤の上には、左右にブロンズでできたムーア人が立ち、鐘を叩いて時を知らせる仕組みである。日が昇ると働きに出て、日が落ちると家に帰るといった自然の時間ではなく、一日を一二ないしは二四に区分した機械的な時間によって生活が支配されるようになる。時間を神ではなく商人たちが支配するようになってきたのである。その象徴が時計塔であった。

サン・マルコ広場に聳え立つ時計塔は、文字盤が二四に区切られ、太陽の運行や月の満ち欠けも示す黄道一二宮というのが描かれている。温暖化によって、大潮の満潮時には町中が水浸しなってしまう昨今のヴェネツィアにとっては、この大潮対策が最も必要なものかも知れない。ヨーロッパに時計塔の建設が始まるのが一四世紀から一五世紀以降のことである。シンデレラの寓話の登場は、時間を神ではなく国王や貴族、あるいは莫大な財産を持つ商人といった時の権力者が支配するようになってきたことの証しなのかも知れない。

フィレンツェとヴェネツィアの違い

先に述べたように、一四世紀前半までのフィレンツェの商人たちは、まだ継続的な帳簿記録によって日々の取引から利益を定期的に計算するまでには至っていなかった。それでも実地棚卸によって、不定期的ではあったが期間を区切って利益を求め、それを組合員相互間で分配していた。

それに対して、当時の海上大国ヴェネツィアは、東方貿易を中心にした冒険商業が中心であったため、コンメンダと呼ばれる組織を作って海上貿易に乗り出していた。そのため、利益の計算は、一航海が終了するたびに行っていた。また、通常の取引では、取扱商品ごとに勘定を設けて、それ

時を刻むサン・マルコ広場の時計塔

らが売却済みになった時点で初めて利益を計算していた。そのような、損益計算システムを口別損益計算制度と呼んでいる。当時のヴェネツィアは、家長を中心にした血縁による貴族の組合であったため、分配のための期間に区切った厳密な損益計算は、必要とされなかった。

フィレンツェの損益計算の特徴

それに対して、フィレンツェは、同時代のしかも隣国のヴェネツィアとは異なり、同じく共和制でありながらもごく一部の特権階級の貴族が政治を牛耳るのではなく、市民階層によって政治が統治されていた。そのため、企業形態も血縁や血族による家族組合（ソキエタス）を否定し、親族以外の第三者による期間組合（マグナ・ソキエタス）を結成して事業を運営していた。

コンメンダという企業の形態は、誤解を恐れず簡単にいえば、海上貿易のために考案されたもので、事業資金の出資だけを行う無機能資本家（有限責任）と主に経営を担う機能資本家（無限責任）によって形成された。このコンメンダが無限責任による機能資本家だけで構成されているのがソキエタス（合名会社）であり、無限責任と有限責任の両者による機能資本家で構成されているのがマグナ・ソキエタス（合資会社）である。ヴェネツィアの貴族たちは、主としてコンメンダ形態で海上貿易に従事したが、一族による血縁で家族組合を結成したため、厳密な損益計算が行われることはなかった。というよりも、厳密な損益計算は、必要なかったのである。航海の終了ごとに獲得したすべての成果から費やしたすべてのコストを差し引きして、利益を計算しただけのことである。

それに対してフィレンツェは、ヴェネツィアの貴族社会を否定し、事業を行う組合も血縁による結社を禁止したため、組合は、期間を区切って、血縁とは無関係の第三者によって結成された。そのため、必要に応じて、各組合員に利益を分配する必要が生じてきた。ただ、初期の段階では、帳簿記録によって正確な損益計算ができなかったため、非定期的ではあったが、実地棚卸によって利益を求めて各組合員に分配している。同じ時代でもヴェネツィアとフィレンツェでは政治体制の違いにより組合の形態も異なり、それによって損益計算システムにも大きな違いが生じていた。こうしたフィレンツェの損益計算の方法を先駆的期間損益計算と呼んでいる。

ヴェネツィアにおける損益計算の特徴

このように、一三世紀初めに誕生した複式簿記は、当初はヴェネツィアとフィレンツェではその利益の計算方法を異にしていた。しかし、一四世紀の前半になると、より厳密な損益計算の方法が行われるようになる。実地棚卸で求めた利益の信頼性を得るために、帳簿記録で求めた利益で検証するようになる。両者の利益の差額を帳簿上で修正し、実地棚卸の利益を帳簿上の利益で検証したのである。この時点をもって、複式簿記の完成ということができる。その代表的な事例をフィレンツェのダティーニ商会の帳簿（1366-1411）やコルビッチ商会の帳簿（1333-1338）に見出すことができる。こうしたフィレンツェで行われていた厳密な期間に区切っての総括的な損益計算の方法は、一四世紀の半ば頃にはヴェネツィアにおいても広く行われていたものと思われる。

迷路のように入り組んだヴェネツィアの町で、目的地に迷わずにたどり着くためには、目標を決めておくのが得策である。ヴェネツィアの古文書館に行く時は、私はいつもサンタ・マリア・グロリオーサ・ディ・フラーリ教会を目安にしている。サンタ・ルチア駅からは通い慣れた道である。ヴェネツィア古文書館は、その教会の左隣にある。

サンタ・マリア・グロリオーサ・ディ・フラーリ教会

ヴェネツィア古文書館の入口

久しぶりのヴェネツィア古文書館である。早速、中に入って受付を済ませ、この古文書館で最もよく知られているアンドレア・バルバリゴの帳簿とソランツォ兄弟商会の帳簿と関連史料の閲覧と写真撮影を頼んだ。別室でゆっくりと時間をかけて閲覧した。以前に行ったときは、今にも崩れ落ちてしまいそうな帳簿も見せてくれたが、さすがに今回は、閲覧や撮影に支障のない史料のみが提示された。幾人かの先輩たちもこうして現史料の香りを嗅ぎながら分析したのであろう。ただし、両者の帳簿は、一五世紀に入ってからの帳簿で、まだ不完全な形態を残しているが、この時代ではすでにヴェネツィア式簿記とフィレンツェ式簿記が統合されていたと見做すことができる。そのため、両者の帳簿をいわゆるヴェネツィア式簿記と位置づけるには問題は残されるが、もう少し詳しく見て行くことにする。

古文書館に眠る在りし日の商人たちの帳簿

アンドレア・バルバリゴの帳簿は、一四三〇年一月から一五八二年に渡る縦四二cm×横一五cmの細長い仕訳帳と通常の形をした縦四二cm×横三六cmの元帳を中心にした帳簿が保管されている。取引の記録は、商品を購入・売却した時、今日のように仕入とか売上といった勘定名を使うのではなく、取扱った商品の個別の名前を使って処理していた。したがって、胡椒をA商店から掛けで購入した時は、（借方：仕入／貸方：買掛金）ではなく、（借方：胡椒

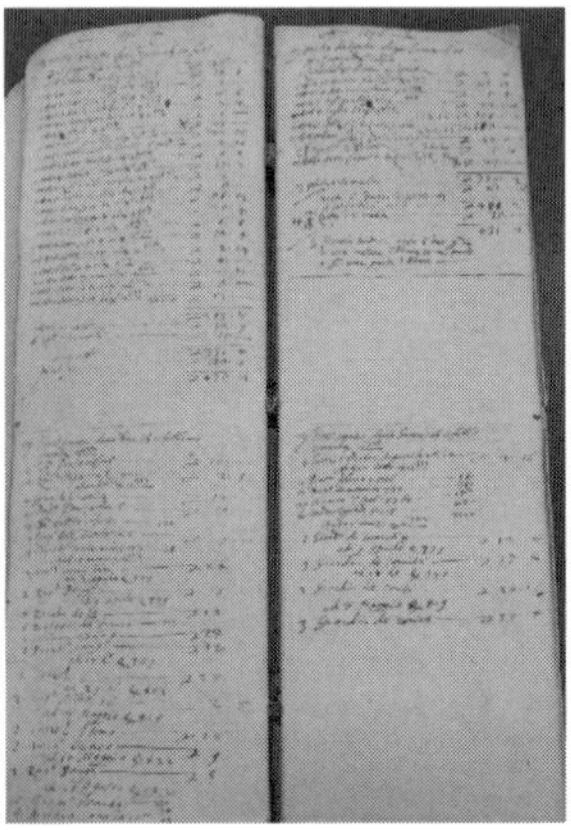

アンドレア・バルバリゴの仕訳帳

／貸方：A商店）と記帳していた。専門的には、こうした勘定を口別商品勘定と呼び、このようにして、取扱商品の荷口別に利益を計算するシステムを口別損益計算制度という。

もう一つの帳簿の一四〇六年から一四三四年にかけての残存する元帳と呼ばれるソランツォ兄弟商会の帳簿では、帳簿を締め切って利益を計算することはなかった。ただし、一四一〇年から一四一六年の取引記録では、元帳に損益勘定を設けて、まだ今日のように一年ごとといったように定期的ではなかったが、期間に区切って企業の総括的な利益を計算している。

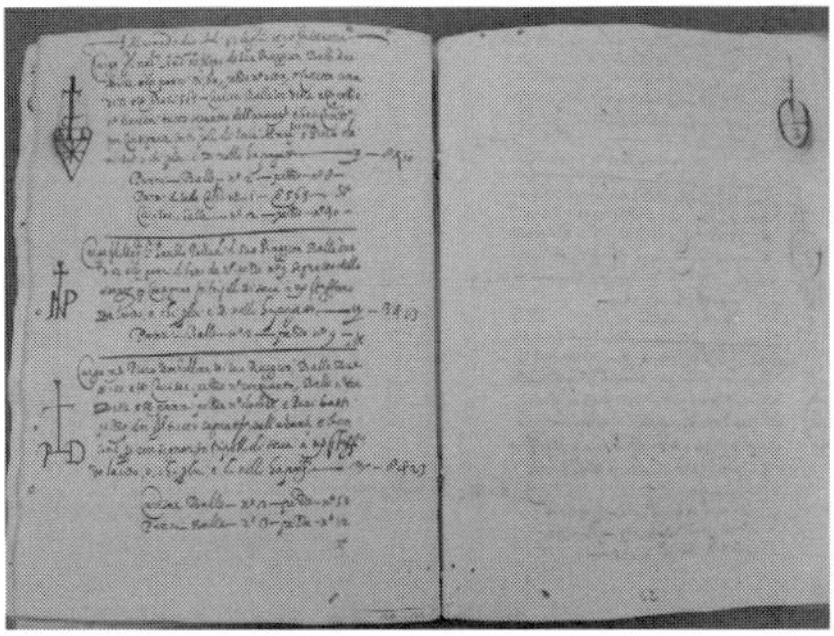

ソランツォ兄弟照会の元帳

今回の訪問の目的は、史料そのものの分析ではなく、史料を写真に収めることにあったので、二時間ほどの閲覧を済ませてアルキヴィオを後にした。

古文書館での目的も果たしたことなので、久しぶりに隣りのサンタ・マリア・グロリオーサ・ディ・フラーリ教会をゆっくりと見ることにした。この教会は、一三世紀の初めから百年近くの年月を掛けて建立されている。ヴェネツィアのパンテオン（霊廟）と呼ばれているだけに、見どころ満載の教会である。主祭壇には、ティツィアーノの「聖母被昇天」等が飾られている。中世の香りを満喫して教会を後にし、リアルト橋に向かって東にいくつもの小さな橋を渡りながらのんびりと歩いて行くことにした。

リアルト橋からサン・マルコ広場へ

リアルト橋は、一五八八年から四年をかけて作られ、橋の両側にはフィレンツェのヴェッキオ橋と同様、多くの店が立ち並んでいる。リアルト橋の北西のたもとの広場にヴェネツィア本島で最古の教会サン・ジャコモ・ディ・リアルト聖堂がある。リアルト橋の利権をめぐって幾度も侵略が繰り返えされてきた。後で述べるが、一四九四年に世界最初の簿記書『算術、幾何、比および比例便覧』（略称スンマ）を出版し

多くのおしゃれな店が立ち並ぶリアルト橋

サン・ジャコモ・ディ・リアルト聖堂

たルカ・パチョーリ（1445－1517）は、一九歳の時、故郷のサンセポルクロからヴェネツィアに出て、商人の三人の子供たちの家庭教師を務めている。当時はまだなかったが、このリアルト橋の近くでも哲学や神学の講座が開かれている。サン・マルコ寺院の近くの学校でもすでに哲学や数学の講座が開かれ、パチョーリもこうした公開講座を聞いていたと言われている。

リアルト橋の南東のたもと北側には現在中央郵便局になっているドイツ商館跡がある。ヴェネツィアの商人たちは、利幅の大きな海上貿易に重点を置き、東南アジアから持ち帰った胡椒やその他の香辛料、あるいは他の特産物をヨーロッパ各地でさばき、利幅の小さな陸上貿易は、ドイツの商人に任すことが多かったと言われている。

サン・マルコ広場の夜の演奏会

ヨーロッパの秋は、つるべ落としではないが、日が落ちるのは日本よりも遥かに早い。冬のグラスゴーで朝九時前に出かける時はまだ真っ暗で、調べ物を終えて帰る四時半頃は、もう真っ暗になっていたのを想い出す。リアルト橋からゆっくりとウインドー・ショッピングを楽しみながら、サン・マルコ寺院に戻ってきた。ヨーロッパの国々は、小さな教会で夕方の七時頃から、数人のバイオリンにチェロ、それにピアノとオーボエかフルートでビバルディやバッハかヴェートーベンの演奏会がよく行われている。それを聞くのも楽しみの一つである。

ガラスの島ムラーノとレースの島ブラーノ

われわれはよくヴェネツィアン・グラスという言葉を耳にする。その歴史は、七世紀とも八世紀ともいわれているが必ずしも詳らかではない。一三世紀末以降、ヴェネツィアが東西貿易の中心として発展する中で、ヴェネツィアン・グラスの本拠地として発展し、今日まで継承されてきたのがムラーノ島である。当時の最先端のガラス技術をもっていた地中海の東端、現在のトルコ共和国のアンティカの近くにある史跡アンティオキア辺りから材料と共に多くのガラス職人をムラーノ島に移住させ、素晴らしいガラス製品を作らせた。これが現在、世界に誇るヴェネツィアン・グラスの原点といわれている。

ムラーノ島のガラス工房

このムラーノ島は、サン・マルコの船着場から水上バスで三〇分ほどの所にある。そこには多くのガラス工房があり、いつでも吹きガラス制作の現場を見学することができる。島

ムラーノ島の街並み

レースの島ブラーノ島の街並み

には工房だけではなく多くのガラスショップも立ち並び、ガラス博物館では素敵な展示物をゆっくりと見て回ることもできる。

　ついでなので、少し足を延ばしてレースで有名なブラーノ島にも立ち寄ってみた。一五世紀頃に広く知られるようになったこの島のレースは、漁師たちの網を作る技術が元になっているといわれている。色とりどりに彩色された建物の壁の色には、思わずほっと心が癒される。まるで、お伽の国に迷い込んだような錯覚に陥る。船で帰って来た船乗りたちが自分の家を間違わないための工夫というが、果たして本当なのであろうか。

複式簿記の完成：ダティーニ商会とコルビッチ商会

一三世紀の初めに債権債務の備忘録として誕生した複式簿記が完成を見るのが、誕生から百数十年の時を経た一四世紀の前半のことである。実地棚卸で求めたビランチオの利益を帳簿記録で計算した損益勘定の利益で検証し、両者が一致した時に初めて、複式簿記が完成したと見做すことができる。その具体的な事例として、現在はローマのヴァチカン古文書館に保管されているフィレンツェの商人のコルビッチ商会の帳簿（1333－1338）やプラトーの古文書館にあるダティーニ商会バルセロナ支店の帳簿（1366－1411）とアヴィニョン支店の帳簿（1376－1379）を挙げることができる。

このダティーニ商会の帳簿やコルビッチ商会の帳簿で初めて、実地棚卸（ストック）で求めたビランチオの利益を継続記録（フロー）で計算した損益勘定の利益で検証して、両者の利益を一致させている。ここに至って初めて複式簿記が完成したといえるのである。フロー計算（原因）によってストック計算（結果）の正否を検証し、両者の利益が一致した時点をもって複式簿記の完成と見做すことができる。フロー計算による利益とストック計算による利益の一致を確認できるのがダティーニ商会の帳簿であり、次に述べるコルビッチ商会の帳簿なのである。時まさに、一四世紀半ば近くになってからのことである。それでは先ず、ダティーニ商会から見ていくことにする。

プラトーの12, 13世紀に建てられたドゥオーモ

ダティーニの町プラトー

プラトーは、フィレンツェから列車で三〇分ほどのところにある。マドンナの像で有名な画家フィリッポ・リッピと一二、一三世紀頃に建てられた古いドゥオーモで有名な小さな田舎町である。それだけに華やかさはないが落ち着いた古き良き時代を偲ばせる町である。

フランチェスコ・ディ・ダテイーニ（1335－1410）は、この町で生まれ、一四歳の時に両親をペストで亡くし、一六歳の時にフランス南部のアヴィニョンに出ていっている。三〇歳前後には組合に投資し、かなりの財を得たようである。結婚は、意外と遅く四一歳になってからであり、プラトーに戻るのは四七、八歳の頃である。当初、彼の商会ではさまざまな商品を取扱い、一三九八年には両替商（銀行）も設立している。何よりも重要なのは、毛織物工業や染色業の組合を設立し、

プラトーの古文書館の正面扉

その経営に乗り出したことである。この時につけられていた帳簿は、イタリアにおける工業会計の萌芽であるといわれている。この工業会計が一六世紀後半にアントウェルペンのプランタン印刷事業で熟成され、産業革命期のイギリスで原価計算に進化していくのである。こうした、ダティーニ商会の膨大な会計帳簿は、プラトーの古文書館に保管され、そのすぐ隣にプラトー記念館が設けられている。そこには多くの史料やそれらのレプリカも展示されている。

ダティーニが亡くなるのは、一四一〇年で、夫妻には子供がいなかったため、莫大な財産は、町に寄付されている。妻は、その一〇年後にフィレンツェで亡くなっている。

彼への感謝を込めて、町にはフランチェスコの立像が建てられ、そこには次のような言葉が彫りこまれている。「プラトーの偉大な商人フランチェスコ・ディ・マルコ・ダティーニ（1335-1410）は、一四一〇年に遺言によって貧しき人々のために基金を残した。町の人は、彼への永遠の感謝に変わらぬ想いを込めて、一八九六年にこの像を建立する」と。

プラトーにあるダティーニの像

最古の勘定記録から百数十年の時を経て、複式簿記は、本来の損益計算機能を携えた完璧な計算体系を完成させることになる。後にかの詩人ゲーテをして人智が生んだ最大の発明と言わしめた計算システムである。その一つのエビデンスがダティーニ商会の帳簿であり、次に示すコルビッチ商会の帳簿なのである。

コルビッチ商会の帳簿

コルビッチ商会の帳簿の最大の特徴は、結果の側面（ストック）から実地棚卸によって作成したビランチオの利益を原因の側面（フロー）から継続記録によって計算した損益勘定の利益によって検証し、両者の差額を帳簿上で修正し、一致させている点に尽きる。ビランチオで求めた利益を帳簿記録で求めた利益によって検証しているところに求められる。すなわち複式簿記による計算の信頼性を担保するために、原因（フロー）と結果（ストック）の両面から利益を計算し、両者の一致を確認したのである。複式簿記の一丁目一番地が信頼性にあるということである。この認識は、コルビッチ商会やダティーニ商会の会計実務を検証することによって、明らかになってくる。

コルビッチ商会の帳簿ではすでに年次決算（一年ごとの損益を計算するシステム）が採られている。これが一般的に行われるのは、一六世紀前半のフランドル地方まで待たねばならないが、年次決算の先駆けは、一四世紀の前半にすでに行われていたことになる。まさに、二〇〇年もの時代を先取りした帳簿である。というよりも、一年という区切りは、遠い昔から人の生活の中で、ごく自然に行われていた感覚であったのかも知れない。コルビッチは、フィレンツェの商人であったが、その

ヴァチカン市国入口のサン・ピエトロ広場の回廊

帳簿は、イタリアの首都ローマのシスティーナ礼拝堂やラファエロの間で有名な博物館のあるヴァチカン市国の古文書館に保管されている。

ヴァチカン市国は、イタリアの首都ローマにあるカソリックの総本山である世界最小の独立国であるのは、良く知られている。サン・ピエトロ広場にサン・ピエトロ大聖堂、何よりも世界最大の博物館ヴァチカン博物館のシスティーナ礼拝堂のミケランジェロによる天井画「最後の審判」やラファエロの間の「アテネの学堂」は、余りにも有名である。ここを見るだけでも、二、三日は欲しい。またローマ市内には、観光名所が数え上げればきりがないほど点在している。コロッセオにトレヴィの泉、サンタ・マリア・マッジョーレ教会にパンテオン、カラカラ浴場に映画ローマの休日で有名なサンタ・マリア・イン・コスメディン教会にスペイン広場と枚挙にいとまがない。ただ、ヴェネツィアやフィレンツェとは異なり、町が大きいため、ゆっくりと見て回るには最低でも一週間位は欲しいものである。

詩人キーツが療養のために滞在したスペイン広場

ローマの玄関口テルミニ駅は、いつも多くの観光客で賑わっている。テルミニ駅から北西に地下鉄で三駅、ボルゲーゼ公園の南端に「ローマの休日」で有名なスペイン広場がある。広場の階段の上トリニタ・デイ・モンティ教会がある。また階段の下には、イギリスのロマン派の詩人ジョン・キーツ（1795－1821）が結核の療養のため、友人の画家セヴァーンと共に過ごした下宿が今も記念館として残されている。恋人ファシーとの婚約を破棄して、寒いイギリスを避け、暖かいローマのスペイン広場に移住したのは二四歳の時である。

詩人キーツが療養のために滞在した逗留先

キーツと友人の画家セヴァーンの墓

僅か一年数カ月の療養の後、二五歳という若さで早世する。キーツは、今は友のセヴァーンと並んでローマ郊外のプロテスタント墓地に静かに眠っている。ここには、同じく早世したイギリスの詩人パーシー・ビッシュ・シェリー（1792－1822）の墓もある。このプロテスタント墓地は、地下鉄B線のピラミデ駅で降りて、歩いてすぐのところにある。とても静かで緑に囲まれ、キーツやシェリーを偲びながら観光で疲れた身体を癒すには、格好の場所である。

ローマの最大の魅力は、ヴァチカン市国のサン・ピエトロ大聖堂であり、何よりも先に述べたヴァチカン博物館のシスティーナ礼拝堂である。今はコロナ禍で海外旅行は難しいため、コロナが少し落ち着けば、鳴門市にある大塚国際美術館に出かけてみるのも良いかも知れない。そこには陶板でシスティーナ礼拝堂やダ・ヴィンチの「最後の晩餐」、「モナリザ」、ゴッホの「ひまわり」にムンクの「叫び」といった世界の名画が実物大に再現されている。大阪、京都、神戸からは、直通バスも運行されている。

その他にも、コロッセオがあり、泉の広場、紀元前に建立されたパンテオン、カラカラ浴場など何日いても足りないほどの名所、旧跡の宝庫である。また、ローマにはテルミニ駅の近くに、オペラ・ファンにはこたえられない、ミラノのスカラ座、フィレンツェのコムナーレ劇場、ヴェネツィアのフェニーチェ劇場、パルマのレージョ劇場、ナポリのサン・カルロ劇場と並ぶ、オペラ座がある。プッチーニの「トスカ」を観劇するのも一興である。上演された時の多くの衣装やマスクも展示されている。

コルビッチ商会の帳簿ですでに年次決算が

少し脇道にそれたが、コルビッチ商会の帳簿は、羊皮紙に書かれ、一三三三年二月一日から一三三八年二月一日までの五年間の帳簿が残存している。他の帳簿は、残念ながらすべて消失している。設立は、フィレンツェ人の一族であるヤコポ・ジロラミ、フィリッポ・コルビッチ、トーマソ・コルビッチの三人によってなされた。しかし、その後の経営不振によってトマーソが多額の出資金を引出すという契約違反を繰り返したために組合からの脱退を余儀なくされ、一三三六年にはヤコポが死去し、最終的にはフィリッポが単独で経営していくことになる。

損益計算は、フロー（原因）の側面から日々の取引を記録した帳簿で計算すると同時に、決算時にストック（結果）の側面から実地棚卸をしてビランチオを作成し、利益を算出している。両者の利益は一致しなかったが、その差額が僅かであったため、帳簿上の利益をビランチオの利益に修正して、分配のための利益を確定している。今日でいえば損益計算書の利益と貸借対照表の利益を一致させて、まさしく複式簿記を完成させているのである。

詳しくは、参考文献に挙げた拙著『会計学の誕生―複式簿記が変えた世界』を参照してもらうことにして、これ以上の説明は、割愛する。なお、そこでの史料は、主に参考文献のＭ・アルバロの『一四四〇年までの複式簿記の起源と進化・２部』（1974）に依拠している。中世の数多くの商人の帳簿を非常に詳しく解説した文献である。

4　世界最初の簿記書『スンマ』とサンセポルクロ

パチョーリ生誕の地サンセポルクロ

サンセポルクロのラウディー宮殿

会計に関心のある者にとっては、どうしても訪れたい町がある。そこは、一四九四年一一月にヴェネツィアで出版された世界最初の簿記書、厳密には簿記について論述した数学書『算術・幾何・比および比例総覧』(略称『スンマ』)の著者ルカ・パチョーリ(1445-1517)の生誕の地、ボルゴ・サンセポルクロである。古い城壁に囲まれた画家ピエロ・デラ・フランチェスカで有名な古くて静かな町である。一五世紀は、ヴェネツィアの絶頂期で、一三世紀後半には一時期ジェノヴァとの戦いで国力を落としたが、そのジェノヴァと一三八一年に休戦条約を結んで東方貿易を掌握し、一四九八年にオスマン帝国との戦いが始まるまでの約百年の間が、ヴェネツィア共和国が最も平和で安定した時代であったといわれている。パチョーリの『スンマ』が上梓されたのは、まさにこの時代で

パチョーリを称える賛辞

あった。

サンセポルクロには、フィレンツェのサンタ・マリア・ノヴェッラ中央駅（フィレンツェS・M・N駅）からローマ行きの特急に乗って約一時間、アレッツォで降りてバスを利用する。アレッツォからはバスで約一時間、のんびりと揺られながら窓外の景色を楽しむ旅になる。バス停は、古い城壁の中に入った西端の少し北側にある。南東に向かって歩くとパチョーリ通りに出る。そこを左に折れさらに南東に向けて真っすぐ進むと町の中央に出る。そこは、かつて時計塔があったがナチによって破壊され今は広場になっている。すぐ近くに、市役所と聖ヨハネ教会があり、広場の北にラウディー宮殿がある。その正面入口の壁には、パチョーリを称える大理石の記念碑が埋め込まれ、次頁のような文章が刻まれている。

　また、北側の城壁中央辺りには、パチョーリの大理石像が日本の経理学校の寄贈によって建てら

『スンマ』を持つパチョーリの立像

ルカ・パチョーリに捧ぐ

彼は、レオナルド・ダ・ヴィンチならびに
レオン・バチスタ・アルベルティーの友であり助言者であった。
また、代数に科学の息吹と体系を与えた初めての人物でもあった。

幾何学の応用を説いた偉大な創設者であり、
複式簿記を考案した。
彼は、未来を見据える考えの基盤であり
不変の形式となる数学に関する著作を著した。

サンセポルクロの住民は、労働組合の勧めによって、
370年もの間、この偉大なわれらが市民を気づかぬままに
放置していたことを恥ずかしく思い
ここに（記念碑を）建立する。
1878年

れ、フランチェスカの石像もそのすぐ東隣り建てられている。なお、サンセポルクロには、フィレンツェのもう一つの駅フィレンツェ・コンポディ・マルテ駅（フィレンツェC・M）から行く方法もある。

パチョーリとダ・ヴィンチの交友

パチョーリは、一六歳の頃から一九歳でヴェネツィアに出るまでの間、中世を代表する著名な画家の一人であるピエロ・デラ・フランチェスカ（1412–1492）のもとで数学を学んでいる。彼は、晩年『透視画法』や『正多面体論』を

右から２人目がパチョーリ

著し、絵画で用いる等比級数や等比数列について分析しているが、パチョーリもこうした問題に関心を寄せていたようである。世界最初の簿記書は、彼が四九歳の時にヴェネツィアで出版されるが、五一歳の時にミラノ公のスフォルツェスコ城に招かれ、そこでレオナルド・ダ・ヴィンチと交友を持つことになる。第二の著書『デヴィナ』をミラノ公に献上するが、そこに印刷された図形の挿絵は、ダ・ヴィンチが描いたといわれている。また、ダ・ヴィンチの「最後の晩餐」や「モナ・リザ」で描かれた遠近法は、パチョーリに教わったものとも言われている。

サンセポルクロの町には、城壁の中に、通りの他にも中学校や商業専門学校にパチョーリの名前が今も残されている。

モナ・リザを描くダ・ヴィンチとパチョーリ

5　カポディモンテ美術館とサンタ・ルチア

パチョーリの絵を求めてカポディモンテ美術館へ

多くの簿記や会計の教科書で目にするパチョーリの絵は、ナポリのカポディモンテ美術館に展示されている。ナポリへは、いつもローマから特急で二時間ほどである。治安が悪いので用心するようにと強く言われていたので、いつもローマに泊まって日帰りすることにしていた。そのため、紀元七九年八月二四日に爆発したヴェスヴィオ火山の大噴火で知られたポンペイやカンツォーネで有名なソレントには、また少し離れるがとんがり帽子の屋根の白い小さなまるでおとぎの国に迷い込んだような村アルベロベッロには、まだ一度も訪れたことがない。できれば是非にと願っていたが、さてこのコロナがいつ収まってくれるやら。今の状況下では、当分は無理のようである。

カポディモンテ美術館には、ナポリ中央駅からバスの便がある。会計の歴史を生業とする者にとっては、どうしても一度は、自らの目で見ておきたい有名なパチョーリの肖像画である。『スンマ』出版の翌年、パチョーリが五〇歳の時にヤコポ・デュ・バルバリィによって描かれた、縦九九cm×横一二〇cmの大きさの重厚な絵である。右後に描かれている若き貴公子は、彼のスポンサーの一人であったウルビーノ公グィドバルドであろうと言われている。

カポディモンテ美術館は、ナポリ中央駅前のバス停から北東にバスで二〇分程のポルタ・ピッコラで降りて直ぐのところにある。広い緑に囲まれた公園の中にあるかつてのブルボン王朝の王宮で、ティツィアーノやラファエロ、それにボッティチェッリといった著名な画家の絵を始め多くの装飾品や焼物など贅を極めた芸術品が展示されている広大な美術館である。

目的のパチョーリの絵は、日本流に言えば２階第８室にジョバンニ・ベリッニの「キリストの変容」などと一緒に展示されている。２階は、ヨーロッパでは通常ファースト・フロアーと呼び、１階はグランド・フロアーである。二〇〇四年二月に出版された四一六頁にわたるガイドブックの表紙には、このパチョーリの顔の部分が大きく印刷され、五四頁の説明のところでは、「修道僧ルカ・パチョーリと弟子

パチョーリ50歳の時の肖像画

ナポリのカポディモンテ美術館

（モンテフェルトロのグィドバルド？）の肖像」と記されている。ガイドブックの表紙がパチョーリの絵だったのには、大きな驚きを隠せなかった。二〇〇五年に出版されているクイック・ガイドの方でもパチョーリの絵が掲載されている。会計もようやく芸術の世界で市民権を得たのであろうか。少々誇らしい気分になってくる。

その他にも、ポンペイの遺跡やローマ時代の膨大な遺跡を収納する国立考古学博物館がある。また、カンツォーネというかナポリ民謡「サンタ・ルチア」で有名なサンタ・ルチア港がティレニア海に面して美しい景色を織りなしている。

『スンマ』の内容

世界最初の簿記書と言われているパチョーリの『スンマ』は、正確には数学書の一部に簿記に関する論述が記されている著作ということになる。先にも述べたが、正式の書名は、『算術、幾何、比および比例総覧』であり、大きさが縦三一五㎜×横二一五㎜でA４より少し大きく、厚さがほぼ四㎝の総頁数六一五頁に及ぶ大著である。当時は、販売されるのは印刷された本文のみで、製本は、購入者各自で行うのが普通であった。そのため、購入者の好みや懐具合により、極めて豪華に装丁されたものもあれば、ごく簡単に装丁したものもある。本文は、手すきの木綿紙で印刷されているが、表紙は、羊皮紙のものが多いようである。本書は二部に分かれ、第１部が「算術と代数」、第

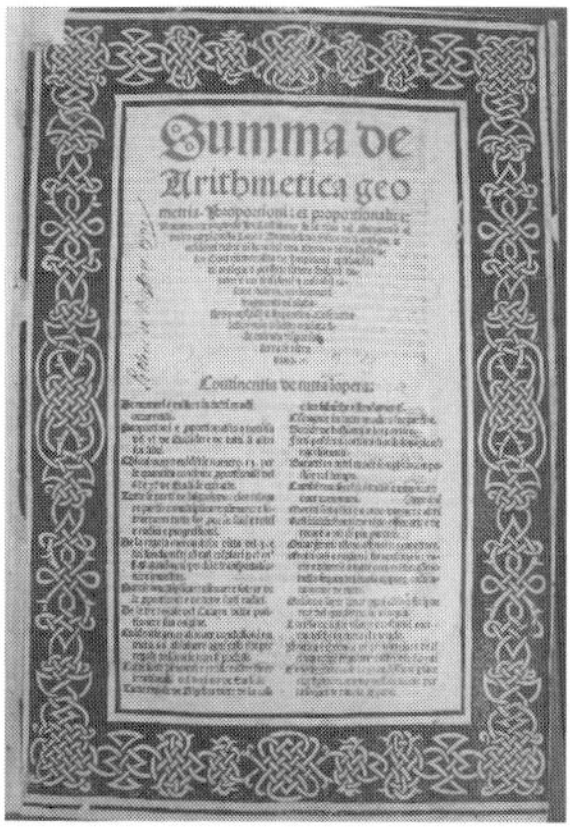

『スンマ』第２版のタイトルページ

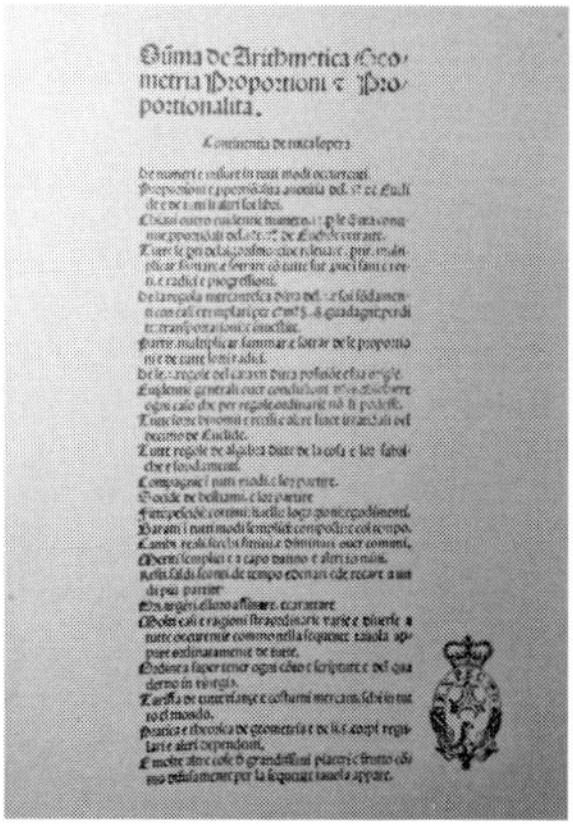

『スンマ』初版のタイトルページ

2部が「幾何学」についてである。

　ダ・ヴィンチは、『スンマ』を一一九ソルディで購入している。一一九ソルディは、現在の価格に換算すると約三万円近くにもなる。誰でもが買えるような本ではなく、かなり高価なものであったと推測される。日本にも初版と第二版が関西だけでも、神戸大学、関西学院大学、大阪経済大学を始めいくつかの大学に保管されている。稀覯本なので閲覧が可能かどうかは分からないが、興味のある人は、一度は見ておきたいものである。

　簿記に関する論述は、第1部の第九編論説一一の一九七葉裏頁（三九四頁）から二一〇葉表頁（四一九頁）の合計わずか二六頁で説明されているに過ぎない。一五世紀の半ばにヨハネス・グーテンベルク（1398？-1468？）によって活版印刷が発明されるが、『スンマ』は、1部を除くと、本文は木版ではなく活版によって印刷されている。ただ、グーテンベルクは、マインツの比較的裕福な貴族の家に

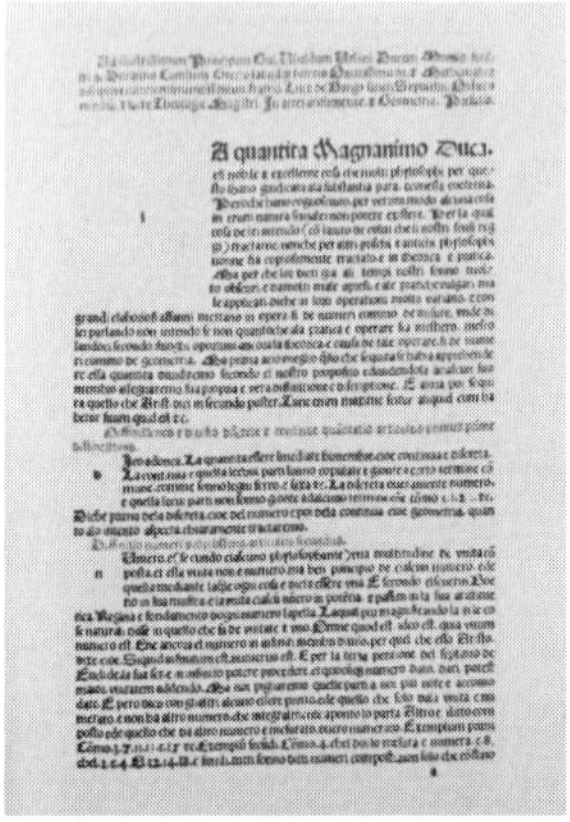
A quantita Magnanimo Duca.

『スンマ』初版の簿記論第１頁

A quantita Magnanimo Duca.

『スンマ』第２版の簿記論第１頁

生まれたという以外は、その生没年や結婚についてはは詳らかではない。一四五〇年頃になってようやく完成させた活版印刷の技術も出資者であったフストから利子が未払であるとの理由で、印刷機一切を取り上げられてしまったと伝えられている。彼が最初に印刷した聖書は、『四二行聖書』といわれ、最も美しい本の一冊に数えられている。現在、世界に五〇部しか残存していない。日本にも一冊あり、その購入価格は、何と七億八千万円だったといわれているから驚きである。

『スンマ』の初版と第二版のタイトルページと簿記論の最初の頁では、文中の装丁に大きな違いが見出せる。挿絵から明らかなように、タイトルページは、初版では単純に文字を印刷しているだけに過ぎないが、第二版では木版によって頁の周りを唐草模様で美しく飾り、簿記論の最初の文字は、木版で絵文字を彫って貼り付けている。所どころは、木版が間に合わなかったのか、大きく空いた絵文字用の箇所に、後から小さな活版用の活字をはめ込んでいる。そんな箇所が随所に見られる。

『スンマ』の損益計算

それはともかくとして、『スンマ』が出版されたのは、一四九四年のヴェネツィアで、そこで説明されている記帳法も、ヴェネツィア式簿記によるものだといわれている。しかし、この時代ではすでに、ヴェネツィア式簿記もフィレンツェ式簿記と融合され、必ずしも一年ごとではないが、すでに企業の総括的な損益を非定期ながら期間に区切って行っていたのは、明らかである。もちろん、十五世紀頃になると、一年ごとに帳簿を締め切って、総括的な期間利益を計算していた事例は、いくつか散見されている。

当時の帳簿は、今日のようにルーズ・リーフ形式ではなく一冊の本のようになっていたため、帳簿が一杯になると新帳に繰り越さなければならない。したがって、帳簿の締切は、決算（利益を確定するための会計上の行為）の時だけではなく、旧帳が一杯になり新帳に繰り越さなければならなくなった時、すなわち帳簿の繰越（結算）の時にも行われていた。そのため、帳簿を締め切るための結算と損益を確定するための決算を混同し、誤解してしまうことがある。注意しておかなければならない。それはともかくとしても、パチョーリが『スンマ』で説いている簿記法は、必ずしもまだ定期的な決算による損益計算システムの説明ではなかったが、期間に区切った総括損益計算を行っていたのは、明らかである。端的いえば、口別損益計算ではなく先駆的期間損益計算の段階であったといえる。今日のように、一年毎に損益を確定する期間損益計算（年次決算）が一般的になるのは、一六世紀半ば近くのフランドルであり、制度として確立するのは一七世紀のオランダである。パチョーリの『スンマ』は、それよりも半世紀以上も前のことである。

第２話：複式簿記の伝播

イタリアからフランドル、オランダへ

1　フランドルの宝石ブルージュ

商業の中心がイタリアからフランドルへ

一三世紀初めにイタリアの北方諸都市国家で誕生した複式簿記は、一六世紀後半から一七世紀にかけて、世界の覇権の推移に伴い、その中心をイタリアからフランドルやオランダへと移していく。フランドル地方でも特に栄えていたのが、一一世紀以降の羊毛や毛織物の生産地ブルージュやガン（現在のヘント）であった。一二、一三世紀に栄えた北フランスのシャンパーニュ地方や南オランダのフランドル地方は、イタリア商人を中心にイギリスとの毛織物の交換や皮革製品と香辛料や絹織物の取引で大いに繁栄することになる。

しかし、フランス王フィリップ六世（1293－1350）の重税に反発し、その弾圧で多くの毛織物業者がイギリスやオランダに移住し、王位継承問題も絡まってフランスとイギリスの間で百年戦争（1337－1453）が勃発する。そうした影響も受け、一六世紀後半から一七世紀には、都市の繁栄は、ブルージュやヘントからアントウェルペンやオランダのアムステルダムへと移り、世界の覇権の推移と共に都市の繁栄も変遷していく。

一五、一六世紀には、油絵の完成者とも言われ光の反射と陰影を直視したヤン・ファン・エイク

（1395-1441）やバベルの塔で有名なピーテル・ブリューゲル（1526-1569）が、また一七世紀にはかのピーテル・パウル・ルーベンス（1577-1640）や初期フランドル派のフーベルト・ファン・エイク（1395?-1441）にヤン・ファン・ダイク（1599-1641）、それに一七世紀オランダの巨匠レンブラント・ファン・レイン（1606-1669）といった著名な画家が相次いで登場するのは、よく知られている通りである。またすぐ後で述べるが、会計の分野でも、今日の記帳法に近い様々な改良を加えた簿記書が登場してくる。十七世紀は、大きく近代化の方向に歩み出していく時代である。

ブルージュの古文書館に残る古い帳簿

フランドル地方の中心は、今のベルギーにある中世の宝石と呼ばれる北方のヴェネツィア、ブルージュである。首都ブルュッセルから列車で五〇分の所にある。ローゼンフードの川岸から見るブルージュの水路に沿って立ち並ぶ建物や風車は、まるで中世に立ち帰ったような錯覚に陥ってしまう。その中心にフローテ・マルクト大広場があり、その南側にはブルージュを象徴する鐘のあるオールド・クロス・ホールや水の倉庫といわれる西フランドル州の庁舎が立っている。市庁舎の１階は郵便局で、その階上がブルージュ古文書館である。そこには、一四世紀に活躍した二人の両替書（現在の銀行）、コラール・デュ・マルクとウィレム・リュイエールの帳簿が保管されている。デュ・マルクの一三六六年四月四日から一三六九年一二月二四日までの元帳五冊と仕訳帳二冊が残存し、リュイエールの帳簿は、一三六九年一月から一三七〇年六月までの一冊の元帳が残されているだけである。

リュイエールとデュ・マルクの帳簿

一四世紀後半のリュイエールの帳簿は、古い帳簿に一般的見られた借方と貸方が帳簿の上下に連続的に記帳される方法ではなく、今日のように左右対称的に記帳されている。しかも、借方と貸方が帳簿の左頁と右頁ではなく、同一頁内の左右に記帳されているのが特徴である。こうした様式が定着するのは、一八世紀末頃からであり、時代を先取りしていたと言えるのかも知れない。この元帳は、全部で一一九葉が残存しているが、その内容は簡略化され、元帳の最後に現金収支を記録した断片が残されている。さらに、元帳の表には袋があり、その中に借方と貸方に分けて多くの人名と金額が記載されている。恐らく、債権と債務に関する記録と思われる。興味深いのは、リュイエールの妻の勘定が記載されている点にあるが、これをまかない費として今日でいえば福利厚生費と見なすのか、

リュイエール（左）とデュ・マルク（右）の元帳

単に純粋の家計費であって、家計と経営が未分離の段階であったと捉えるか、見解の分かれるところであろう。

デュ・マルクの帳簿は、リュイエールの帳簿よりも数多く残されている。表紙は、牛皮と羊皮が用いられ、帳簿には、麻紙が使われている。デュ・マルクの帳簿には、仕訳帳と元帳、それに索引帳がある。仕訳帳には現金の貸し付けや預金の引き出しの記録が複記されている。元帳には債権や債務についての人名勘定のみで、現金に関する勘定は残されていない。また、元帳の初めには、フィレンツェの最古の勘定記録にも見出せる神への誓いの言葉が記されている。

先に述べたリュイエールの元帳の最後の袋に残された一種の財務表のような債権債務の人名と金額が列挙された一覧表の冒頭には、この帳簿には決して嘘はありませんという神への誓いの文言がラテン語（In nominee Domini, Amen）で記され、帳簿の信頼性を担保する決意が示されている。一二一一年の最古の勘定記録にも見出せるこの神への誓いの文言は、まさしく、会計の原点が有用性や目的適合性ではなく信頼性や検証可能性にあるということを明瞭に物語っている。

会計の進化のプロセスを追う観点からは、両者の帳簿の骨格は、同時代の多くのイタリアの商人たちがつけていた帳簿の内容と同様である。ただ、会計の歴史にとってフランドル地方やオランダが重要になるのは、時代的にはもう少し後の一六世紀後半から一七世紀にかけてである。かの地ブルージュは、まさしく中世の宝石という名に相応しく、美しい歴史を感じさせてくれるところである。コロナが終息すれば、是非とも訪れることを勧めたい。

2　世界遺産プランタン＝モレトゥス博物館と工業簿記

一五世紀末頃までは繁栄を欲しいままにしていたブルージュであったが、一六世紀を迎えると急速に衰え始める。ブルージュを支えていた新教徒たちが、カソリックのフランス王フリップⅡ世に重用された第三代アルバ公（在位：1531－1582）によるプロテスタント弾圧の結果、多くの新教徒たちが難を恐れて、南ネーデルランドのアントウェルペンに逃れていったためである。

プランタン＝モレトゥス博物館

アントウェルペンは、わが国でもワッフルで有名なブルッセルを首都に持つベルギーの北北東オランダに近いところに位置する「小便小僧」で有名な古くから栄えた町である。中央駅のすぐ裏には大きな動物園があり、乗り換え列車の長い時間待ちには、最高の場所である。何よりもバロック期の画家ピーテル・パウル・ルーベンス（1577－1640）が活躍し亡くなった町としても有名である。それに、われわれにとっては、完成された工業簿記の記録として意義のあるクリストファー・プランタン（1520?－1589）の印刷所が世界遺産として残されていることが嬉しい。彼は、フランスに生

プランタン＝モレトゥス博物館の印刷機

まれ、リオンやパリを転々とした後、一五四九年にアントウェルペンに移り住んだといわれている。フランス在住時に印刷術を習得し、アントウェルペンで市民権を得てギルドに参加し、印刷業を開業している。

一時は、異教徒の書物を出版したかどで全財産を没収されるが、後に一職人の無断の行為であったことが判明し、アントウェルペンへの帰還が許される。その後、印刷業は順調に回復し、最盛期には、印刷機を二二台も有していたといわれている。一五七六年のスペイン軍の侵攻により、多くの印刷機を失うことになるが、その後も娘婿のヨハネスⅠ＝モレトゥスと共に事業を続け、彼の死後は、息子たちによって印刷業が継承されている。また、プランタン＝モレトゥス博物館には、ルーベンスの部屋も残されており、彼との親交を窺わせてくれる。もちろん、プランタンの肖像画も残されている。

残存するプランタンの会計帳簿は、一五六三年から一五六七年までのイタリア語で書かれた元帳と仕訳帳、それにフランス語で書かれた数冊の補助簿が残されている。

製造業において、簿記によって製造原価を計算する商的工業簿記の初期の形態は、一四世紀初めのイタリアのデル・ベーネ商会や一四世紀末のダティーニ商会、あるいは一六世紀のメディチ家の毛織物工業組合の帳簿に見出せる。複式簿記は、一三世紀の初めに誕生し、遅くとも一四世紀半ば頃までには完成するが、そこでいう複式簿記は、商品の売買や商業活動に必要なお金の貸し借りを記録する技法として登場したものである。したがって、発生当初の複式簿記は、厳密には、商的複式簿記である。もちろん当時でも、さまざまな品物を製造する工場が存在し、そこでも損益の計算が複式簿記によってなされていたのは、いうまでもない。いわば、商業資本ではなく前期的な産業資本を対象にした複式簿記である。これを工業簿記と呼び、その原始的な形態を商的工業簿記と呼んでいる。本来の産業資本に適応した厳密な製造原価の計算を原価計算と呼ぶが、この計算システムが完成するのは、一八世紀後半から一九世紀にかけての産業革命期のイギリスにおいてである。そこから更に進化して、管理会計を誕生させるのが二〇世紀のアメリカである。

商的工業簿記から工業簿記の完成

先にも少し触れたように、一三、一四世紀のイタリアでも製造業はあり、そこでも当然のことながら複式簿記がつけられていたのはいうまでもない。しかし、この時代ではまだ製造業にとって最も重要な原価の計算が厳密に行われていたわけではなく、単に商業用の複式簿記を製造業に適用していたに過ぎなかった。このような初期の形態を商的工業簿記という。

一四世紀初頭のデル・ベーネ商会の帳簿では、原毛帳や手間賃帳、染色工賃帳といった具合に、それぞれの材料や賃金を補助簿に記帳して、製品ごとの製造原価をごく簡単に計算し、他の一般の商取引と同様の手法で損益計算を行っている。ただし、一四世紀の中頃には、同じデル・ベーネ商会でも、管理目的のためにより詳細な材料帳や賃金帳を用いるようになってくる。ただこの時代では、賃金は安く、製造に使う道具も廉価であったので、厳密な原価の計算はそれほど必要とされることはなかったものと思われる。

一四世紀末になると、ダティーニ商会の帳簿で見られるように、材料帳や賃金帳等を設けて製造にかかわるコストを、単なる個別管理のためではなく、労務費や材料費を製造諸費用として一か所に集めて製造原価を計算するようになる。他人と組んで行う組合形式を取っていたフィレンツェの企業では、記帳の責任者が他の組合員への説明責任のために、こうした帳簿をつけていたものと思われる。パチョーリの『スンマ』では、商取引の解説のみで製造業についての記帳法には触れていない。しかし、一五世紀末から一六世紀にかけて、補助簿ではなく主要簿としての元帳に材料勘定や労務費勘定、あるいはそれらを統括する製造勘定を設けて利益を計算するこれまでの商的工業簿記から大きく踏み出した工業簿記への進化が見られるようになる。

その進化の代表的な一例が一六世紀後半のクリストファー・プランタンの帳簿にみることができたのは、すでに見てきた通りである。プランタンの帳簿は、先のデル・ベーネ商会やダティーニ商会の帳簿のように商的工業簿記よりもさらに一歩進んだ工業簿記の先駆的な帳簿と位置づけられている。工業簿記は、商業簿記とは異なり、生産過程に関する前期産業資本の流れをより厳密に把握できる勘定科目を使って製造原価を明らかにし、企業の期間損益を計算する体系的な損益計算システムということができる。

プランタンの帳簿の特徴

プランタンの帳簿は、主要簿としての仕訳帳と元帳、そこに記帳された材料、その他にも日記帳や補助簿が残存している。元帳勘定には印刷業で特徴的に用いられる圧搾機や活字や備品といった工業簿記に関連する勘定が設けられている。印刷に用いられる紙は、製造経費として、最終的には在庫本勘定、すなわち今日の製品勘定に振り替えられている。

まさしく工業簿記によって記帳された最も初期の実例として挙げることができる。これらの材料費や労務費は、製造経費勘定に振替えられ、書籍ごとに製造原価が計算されて利益が求められている。製造業において、期末棚卸商品の計算にこれほど厳密に複式簿記を適用した事例は少ない。プランタンの帳簿は、厳密な製造原価の計算にもとづいて損益計算を行う工業簿記の初期の典型的な事例として挙げることができる。それと同時に、一九世紀イギリスで生成する原価計算制度への進化のプロセス上にある一形態であるともいえよう。プランタンでみる工業簿記の段階では、まだ今日のような厳密な意味での原価計算は見られず、あえていえば、単純な個別原価計算的な段階にあったということができるかも知れない。

単一商品ではなく幾種類もの商品を同時に生産し、それにかかわる多くの人を雇い、また複雑な間接経費が種々発生するに至ると、このような単純な計算だけでは、正確な製造原価を計算することが困難になってくる。とりわけ、産業革命以降、製鉄や石炭、あるいは綿工業といった巨大な株式会社が出現してくると、当時の企業家たちは、製造に要した直接経費の集積だけではなく、減価償却費のような製造間接費も含めたより厳密な原価計算を行う必要に迫られてくる。工業簿記から原価計算への進化である。こうして、近代的な原価計算が誕生するのは、一八世紀末から十九世紀にかけてのイギリスにおいてである。

工業簿記と原価計算の違い

ごく単純に言えば、工業簿記と原価計算の違いは、製造業したがって工業経営で展開される複式簿記が工業簿記であり、その特徴は、製品の製造過程で行われる取引を複式簿記によって記録し利益を計算するところにある。それに対して原価計算は、製品を生産するのにどれだけの原価がかかったかを厳密に計算するシステムである。少し専門的に説明すれば、原価計算は、製品を製造する過程で投入された原材料や労働力といった経済価値の費消額を製造原価として捉え、製造過程で投入した原価と生産した製品の製造原価の対応関係を明確にする計算システムということになる。したがって、工業簿記が製造業における利益を複式簿記によって求めるのに対して、原価計算は、利益を計算するシステムではなく、あくまでも製品の製造にかかったコストを計算する経営管理システムなのである。

工業簿記と原価計算を区別するメルクマールは、製造業における損益計算が目的であるか経営管理のための製造原価の計算が目的であるかにある。前者が製造業における取引を複式簿記によって記録する計算システムであるのに対して、後者は、製造業における企業内部の製造活動に投入された経済価値（原材料費や労務費や生産設備等への投資額）の費消額、すなわち製品原価を明らかにする計算システムなのである。厳密にいえば、工業簿記は、製品を製造しそれを販売する過程を記録して製品の製造原価を計算し、それを販売してどれだけの利益を獲得したかを記録計算する。それに対して、原価計算は、単に製品の製造原価を厳密に算出するだけであり、極論すれば、損益を計算するプロセスは、含まれないことになる。

ただし、原価計算には、単に製造原価の計算を行う実際原価計算や総合原価計算だけでなく、予定価格によって標準価格を定めて原価管理に役立てる標準原価計算や製造原価を直接費と間接費に分けて利益管理を目的とする直接原価計算という経営管理システムも含まれる。

3　アントウェルペンとインピン簿記書

期間損益計算（年次決算）の成立

肝心のテーマについての説明が遅くなってしまったが、一六世紀のフランドルのアントウェルペンで、今日一般に行われている一年ごとに期間を区切った損益計算が定着する。その年次決算を説く期間損益計算制度を明確に説明したのが織物商のヤン・インピン・クリストフェルス（?-1540）による『新しい手引き』（1543）である。

本書は、彼の死後に妻の手によって出版されている。彼の生まれは、アントウェルペンではないが、青年期にスペイン、ポルトガル、イタリアの各地を旅行し、ヴェネツィアには一二年間滞在したといわれている。一五一九年にアントウェルペンに戻り、そこで織物商のギルドの一員になっている。先にも述べたが、アントウェルペンは、ブルージュ衰退の後、大いなる発展を遂げ、世界貿易の中心に位置し、西ヨーロッパ随一の港湾都市として商業上の覇権を握ることになる。

『新しい手引き』は、彼の死後一五四三年にアントウェルペンでオランダ語版が上梓され、同年直ぐにフランス語版も出版されている。本書の草稿が完成したのは、本文中の取引例示の年代から推測して、一五三八年頃ではないかと言われている。原著のオランダ語版は、アントウェルペンの

インピン簿記書オランダ語版

公立図書館とロンドンのイングランド&ウェールズ勅許会計士協会（ＩＣＡＥＷ）に、フランス語版は、大英図書館とアメリカのカルフォルニア大学の図書館に保管されている。英語版は、一五四七年におそらくイングランドの何処かで出版されている。英語版には、原著に見られる全体の四分の三を超える取引例示が欠落している。もともとなかったのか、それとも保管先が移転するうちに紛失してしまったのかは、明らかでない。原本は、現在モスクワのレーニン図書館に一冊保管されているだけといわれている。わが国ではその復刻版が、パチョーリの『スンマ』やジェームズ・ピールの『勘定熟達への小径』と共に、京都の古書店大学堂から出版されている。

インピン簿記書の特徴

インピン簿記書の最大の特徴は、元帳に売残商品勘定を設け、売上収益と売上原価を対応させて一年間の期間損益を計算している所に求められる。アントウェルペンの市場《いち》で店舗を開業した定住商たちの会計実務に適応した合理的な計算システムである。こうした一年毎の定期的な損益計算制度が確立してくるのは、一六世紀の後半から十七世紀にかけてのフランドル地方やオランダである。これまでの非定期的な損益計算に代わって、一年毎の定期的な期間計算制度が漸次定着してくる。インピンによって提案された年次決算による損益計算システムが半世紀の時を経て、オランダのシーマン・ステフィンへと継承されていくことになる。

それまでのイタリアの商人たちは、家族だけの組合や期間を区切った第三者との組合を結成して東方貿易に乗り出し、持ち帰った胡椒を中心とした香辛料や絹・木綿や絹織物といった東洋の珍しい物産を売却して膨大な利益を手に入れた。ただ利益の分配に当たっては、年次決算が確立する十六世紀後半から十七世紀を迎える頃までは、商人たちの間ではまだヴェンチャー時代の意識が色濃く残されていたものと思われる。また、商品を販売するのも、八日市とか廿日市とかわが国でもまだ地名にその名残が見られるように、定められた日に立つ市《いち》で売却したり、遠隔地の商人に売却するといった方法で各地を転々と移動して商売を行ってきた。そうしたこれまでの冒険商業的な取引形態が、一六世紀のアントウェルペンでは、定住商として定まった所に店を構え、継続的に商売を行う商業形態へと変化してくる。その結果、これまでとは異なり、定期的に帳簿を締め切って期間利益を計算することが必要になってくる。定められた期間、すなわち一年毎に帳簿を締め切って利益を計算する期間損益計算制度（年次決算）が行われ、定着するようになる。そうした損益計算方法を分かり易く解説したのがインピンであった。このインピンが説いた簿記法が新教徒の商人たちによって一七世紀のオランダへと継承されていくことになる。

一五八五年にアントウェルペンがスペイン軍によって陥落され、そこの商人たちがその資本や技法を携え、大挙してアムステルダムやライデンへと移り住むことになる。アムステルダムの商人たちは、海外貿易にも積極的に参加し、主として海運や流通によって膨大な富を蓄積していく。その結果、アムステルダムは国際的な海運の流通路として、貿易に小売、両替に保険といったあらゆる産業の要として機能していく。その中心に位置したのが一六〇二年に設立されたオランダ東インド会社（VOC）である。

4　ステフィン生誕の地ライデン

スペインから勝ち取ったオランダの覇権

宗教裁判で多くのプロテスタントを殺害したことで勃発したスペインとの八〇年戦争（オランダ独立戦争：1568-1648）で勝利を勝ち取ったオランダは、その後の三次にわたる英蘭戦争（1652-1784）の結果、イギリスにその覇権を奪われる一八世紀までは、世界の覇者として繁栄を欲しいままにする。

一七世紀のオランダ（厳密にはネーデルランド連邦共和国）といって初めに頭に浮かぶのは、チューリップにハネ橋と風車であり、レンブラント・ファン・レイン（1606－1669）やヨハネス・フェルメール（1632－1675）といった天才画家たちである。もちろん、時代はずっと後になるがフィンセント・ファン・ゴッホ（1853－1890）もいるし、少し前には、アントウェルペンのピーテル・パウロ・ルーベンス（1577－1640）やピーテル・ブリューゲル（1525?－1569）もいた。アムステルダムには、ゴッホ美術館やレンブラントの家があり、アンネ・フランクの家も残されている。国立美術館にはレンブラントの「夜警」やフェルメールの「牛乳を注ぐ女」も展示されている。是非とも訪れたい所である。また、アムステルダム中央駅から運河ツアーで各国語によるガイドの説明に耳を傾けながらゆったりと時を過ごすのもまた至上の楽しみである。

レンブラントは、ライデンで製粉業を営む両親の下で生まれ、ライデン大学に進学するが、すぐにやめて、画家の道を歩んでいる。フェルメールは、陶器で有名なデルフトに生まれ、生涯のほとんどを故郷で過ごしている。ここライデンの地は、パチョーリと並び称されるシーマン・ステフィン（1548－1620）が大著『数学的回想録』（1605－1608）を上梓した地でもある。この数学書の一部に簿記に関する論述が記されている。その点においても、パ

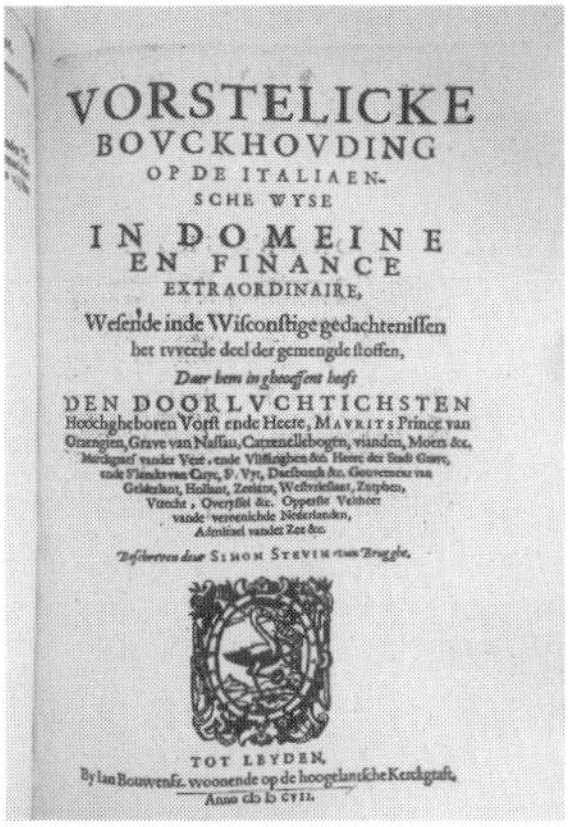
VORSTELICKE
BOVCKHOVDING
OP DE ITALIAEN-
SCHE WYSE
IN DOMEINE
EN FINANCE
EXTRAORDINAIRE,
TOT LEYDEN,

『数学的回想録』の簿記論第１頁

チョーリの『スンマ』と極めて類似している。なお、ステフィンが生まれたのはブルージュであり、亡くなったのはデン・ハーグである。彼の生家の跡が、彼の功績をたたえる文言と共に、今も残されている。

ステフィンが簿記論を出版した地ライデン

ライデンは、アムステルダムからデン・ハーグ行きの列車で南西約三五分の所にある。そこには、オランダ最古の大学があり、日本ともゆかりの深い町である。日本の近代医学の父ともいわれるフィリップ・フランツ・フォン・シーボルト（1796－1866）の記念館がある。日本滞在時にオランダ商館で集めた多くの品々がライデン大学の近くにある日本センターの役割も兼ねたシーボルトハウスに展示されている。シーボルトが日本から持ち帰ったイチョウや藤や紫陽花などがライデン大学の植物園の日本庭園に植えられている。

神戸森林植物園のシチダンカ

彼が持ち帰った紫陽花の原種は、神戸の六甲山系に自生していた山紫陽花の一種シチダンカ（七段花）で、それを変異させたものが逆輸入され、今日われわれの目を楽しませてくれる豪華であでやか紫陽花なのである。この原種は、日本ではすでに絶滅したと思われていたが、一九五九年に六甲ケーブルの近くで発見され、現在は、神戸の森林植物園に移植されている。是非一度見に行ってもらいたい。

話しを戻すことにする。ステフィンは、このライデンに居を構え、ブルージュから引っ越してきた一六〇七年から亡くなる直前にデン・ハーグへ転居する一六二〇年までの一三年間住んでいた。

デン・ハーグのマウリッツハイス美術館には、フェルメールの「真珠の首飾りの少女」や「デルフトの眺望」、レンブラントの「テュルプ博士の解剖学講義」といった一七世紀フランドル絵画の傑作が数多く所蔵されている。また、だまし絵で有名なマウリッツ・コルネリス・エッシャー（1898–1972）の美術館もある。

ハーグにあるステフィンの生家

ステフィン簿記書の意義

ここライデン大学で、ステフィンは、数学の教鞭を取っている。後のオレンジ公ウィリアム王マ

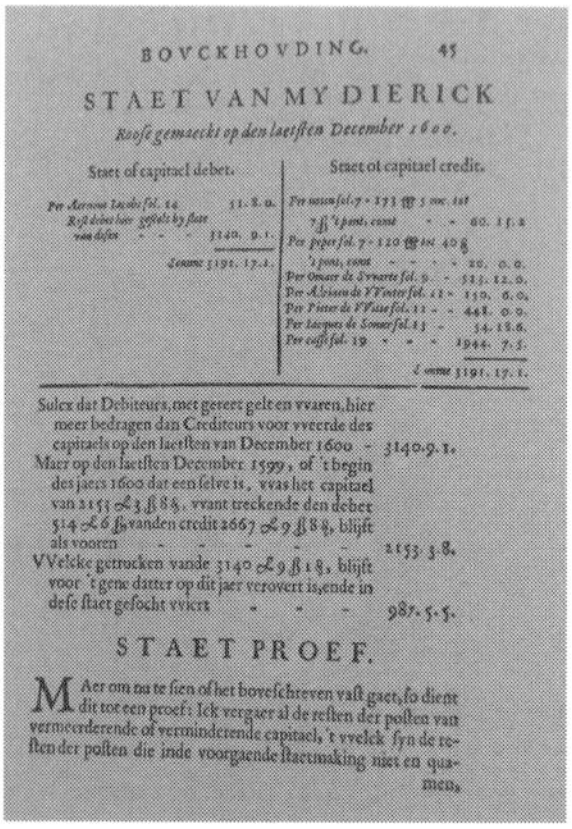
BOVCKHOVDING. 45

STAET VAN MY DIERICK

Roofe gemaeckt op den laetsten December 1600.

Staet of capitael debet.

Per Aernout Iacobs fol. 14 51. 8. 0.

Rest debet hier gestelt by slote van desen 3140. 9. 1.

Somme 3191. 17. 1.

Staet of capitael credit.

Per Omaer de Swarte fol. 9. 515. 12. 0.

Per Adriaen de VVinter fol. 11 150. 6. 0.

Per Pieter de VVitte fol. 11 448. 0. 0.

Per Iacques de Somer fol. 13 34. 12. 6.

Per cassa fol. 19 1944. 7. 5.

Somme 3191. 17. 1.

Sulex dat Debiteurs, met gereet gelt en vvaren, hier meer bedragen dan Crediteurs voor vveerde des capitaels op den laetsten van December 1600 - 3140.9.1.

Maer op den laetsten December 1599, of 't begin des jaers 1600 dat een selve is, vvas het capitael van 2153 ℒ 3 ß 8 ₰, vvant treckende den debet 514 ℒ 6 ß vanden credit 2667 ℒ 9 ß 8 ₰, blijst als vooren - 2153. 3. 8.

VVelcke getrucken vande 3140 ℒ 9 ß 1 ₰, blijst voor 't gene datter op dit jaer verovert is, ende in dese staet gesocht vviert - 987. 5. 5.

STAET PROEF.

Maer om nu te sien of het bovescreven vast gaet, so dient dit tot een proef: Ick vergaer al de resten der posten van vermeerderende of verminderende capitael, 't vvelck syn de resten der posten die inde voorgaende staetmaking niet en quamen,

ステフィンの損益表

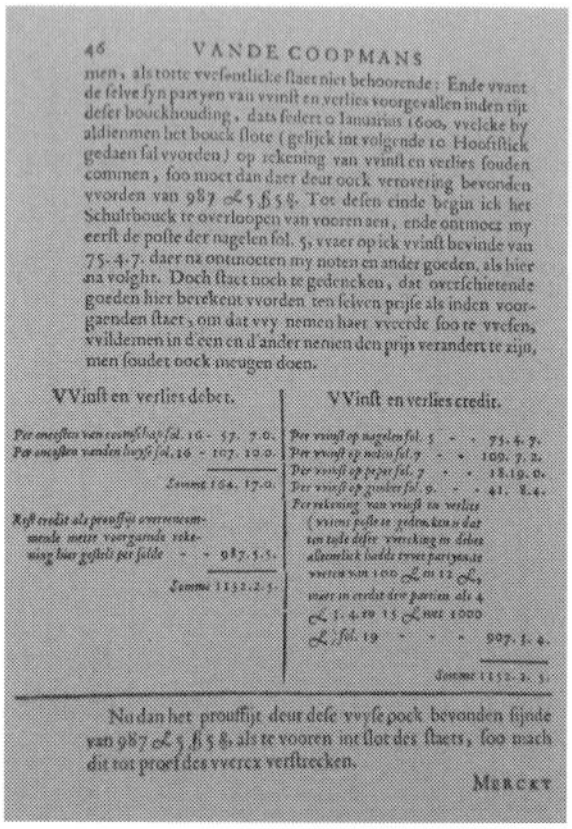
46 VANDE COOPMANS

men, als totte vvesentlicke staet niet behoorende: Ende vvant de selve syn partyen van vvinst en verlies voorgevallen inden tijt deser bouckhouding, dats sedert 0 Ianuarius 1600, vvelcke by aldienmen het bouck slote (gelijck int volgende 10 Hoofstick gedaen sal vvorden) op rekening van vvinst en verlies souden commen, soo moet dan daer deur oock verovering bevonden vvorden van 987 ℒ 5 ß 5 ₰. Tot desen einde begin ick het Schultbouck te overloopen van vooren aen, ende ontmoet my eerst de poste der nagelen fol. 5, vvaer op ick vvinst bevinde van 75.4.7. daer na ontmoeten my noten en ander goeden, als hier na volght. Doch staet noch te gedencken, dat overschietende goeden hier berekent vvorden ten selven prijse als inden voorgaenden staet, om dat vvy nemen haer vveerde soo te vvesen, vvildemen in d'een en d'ander nemen den prijs verandert te zijn, men soudet oock meugen doen.

VVinst en verlies debet.

Somme 164. 17. 0.

Somme 1152. 2. 5.

VVinst en verlies credit.

Per vvinst op nagelen fol. 5 75. 4. 7.

Per vvinst op peper fol. 7 18. 19. 0.

Per vvinst op gember fol. 9. 41. 8. 4.

Somme 1152. 2. 5.

Nu dan het prouffijt deur dese vvyse oock bevonden sijnde van 987 ℒ 5 ß 5 ₰, als te vooren int slot des staets, soo mach dit tot proef des vvercx verstrecken.

MERCKT

ステフィンの状態表

ウリッツ公の家庭教師を務め、オランダ共和国の主計総監にも任命されている。彼は、その著『数学的回想録』の第5部「雑項目」において年次決算を明確に説き、今日の期間損益計算制度を確立に導いている。会計学の文献史研究においては、一五世紀のパチョーリの『スンマ』と並び称される著書である。『スンマ』が数学書でその一部で簿記論について論述している形式も、ステフィンの『数学的回想録』と全く同じである。

彼の簿記論の特徴は、この年次決算を説いていることと併せて、精算表の萌芽と言える運算表を決算（帳簿の締切）前に作成し、誤りなき締切と利益の概算額の算定を行っているところに求められる。彼の簿記書では、残高勘定はなく、資本勘定が残高勘定の代わりを果たしている。具体的には、堅果や胡椒の売残商品や現金の期末残高あるいは人名勘定で処理された貸付金や借入金等は、決算時点に資本勘定の借方と貸方にそれぞれ振替えられている。もちろん、損益勘定は設けられ、そこで算出された利益が資本勘定の貸方に転記されて、資本勘定の貸借が一致している。もちろん、ステフィン自身も述べているが、現金の実際在高と帳簿有高が一致することはほとんどないと捉え、両者の差額の調整は、元帳の現金勘定ではなく決算の運算のために作成する状態表で行われている。

このステフィンの説く一見貸借対照表と損益計算書を連想させる決算の運算表としての精算表は、一八世紀のイギリスの簿記書に継承されていく。一七一八年にエディンバラで出版されたアレグザンダー・マギーの簿記書を皮切りに、マルコムの簿記書（1731）、一八世紀を代表するメイヤーの第一の簿記書（1736）やハミルトンの簿記書（1777）に受け継がれる。ただし、これらの表は、機能的には精算表の役割を果たしているが、形式的には今日の多桁式一覧表形式とは大きく異なっている。今日と同じ形式の精算表が登場するのは、一九世紀のアメリカまで待たなければならない。一八二一年にニューヨークで出版されたトーマス・ゴダードの『商人と会計人』である。彼は、「私は、全く新しくてオリジナルな考えによる一覧表を考案した」と述べて、十桁の精算表を例示している。詳しくは、参考文献に挙げた拙著『決算会計史論』の第3章を参照されたい。

5　オランダの魅力とダフォーンの簿記書

オランダが生んだ巨匠たち

少し専門的になり過ぎたので、話しを春のオランダに戻すことにする。多くの人がオランダといってすぐに頭に浮かぶのは、チューリップであり、風車と架け橋ではなかろうか。絵画好きの人には、レンブラントであり、フェルメールであろう。一七世紀オランダは、レンブラントの時代ともいわれる。時代は少し後になるが、ゴッホを忘れるわけにはいかないのは、いうまでもなかろう。会計の歴史にとっても、一七世紀のオランダは、極めて重要な位置づけになる。

キューケンホフのチューリップ畑

チューリップを満喫したいなら、どうしてもキューケンホフまで足を延ばしたい。わが国でも、時折地下鉄のホームやＪＲの駅で満開に咲き誇るキューケンホフのチューリップ畑を目にした人も多いのではなかろうか。アムステルダム中央駅から地下鉄五二番に乗り、ヨーロッパプレイン駅で降り、そこから直通バスで約三五分のところにある。もちろん、アムステルダムの主要な場所から直通バスも運行されている。第二次世界大戦後の一九四九年から開園されている。見たこともない色鮮やかなチューリップやヒヤシンス、それにラッパ水仙などで埋め尽くされた世界一のチューリップ公園である。チューリップというとすぐに一六三〇年代の世界最初のバブルを思い出す人もいるかも知れないが、そんなことはそっとしまって、美しく咲き乱れるチューリップの世界を満喫してもらいたい。

ゴッホファンにお勧めなのは、デ・ホーヘ・フェルウェ国立公園の中にあるクレラー・ミュラー美術館である。アムステルダム中央駅から南東へＩＣで約一時間のアペルドールンからバスに乗り継ぐ。ゴッホがまだ無名の頃に収集された多くの作品が所蔵されている。そこには、あの「夜のカフェテラス」や「糸杉」、「アルルのハネ橋」といった余りにも有名なフィンセント・ファン・ゴッホ（1853-1890）の心を沸き立たせるような作品が数多く展示されている。残念ながら、ロンドンのナショナル・ギャラリーにあるような会計に関わる絵を見つけることはできないが。一九七三年に開館したまだ新しいともいえるゴッホ美術館は、愛好家でなくとも見逃せない所である。油絵だけでも二〇〇点を超えるというからまさにゴッホファンには至福の場所であり、「ひまわり」を始め「馬鈴薯食べる人々」、自殺直前に描かれたという「カラスのいる麦畑」は、鬼気迫るものを感じさせる。

もちろん、陶器と木靴で有名なデルフトは、ヨハネス・フェルメール（1632-1675）が四四年の生涯を過ごした場所である。市の中心にあるマルクト広場の近くには、フェルメール・センターを始め彼にゆかりのある個所が沢山残されている。

前後したが一七世紀オランダは、レンブラントの時代ともいわれる。ライデンで生まれた光と影の明暗を見事に描き出したレンブラント・ファン・レイン（1606-1669）が活躍したのがまさにオランダが世界に覇を唱えた一七世紀なのである。自画像と何よりも夜警で知られている。わたしたちが通常「夜警」と呼んでいる著名な絵は、アムステダム国立美術館に展示されている。正式名は「フランス・バニング・コック隊長とウイレム・ファン・ライテンブルフ副隊長の市民隊」というそうである。また、彼が三三歳から二十年間住んでいたレンブラントの家がアムステルダムの市庁舎の北すぐ近くにある。是非訪れてみたい所である。少し時代は遡るが、ピーテル・ブリューゲル（?-1569）の「バベルの塔」や「農民の婚宴」などは、わが国でもよく知られている。

ダフォーン簿記書の影響

ステフィンの後に、イギリス人のリチャード・ダフォーンが一六三五年に『商人の鏡』をロンドンで出版している。彼は、長くアムステルダムに滞在し、そこで習得したイタリア式簿記に多くの点で改良を加えた、いわばオランダ式とでもいえる近代的な簿記法を論述している。一七世紀のオ

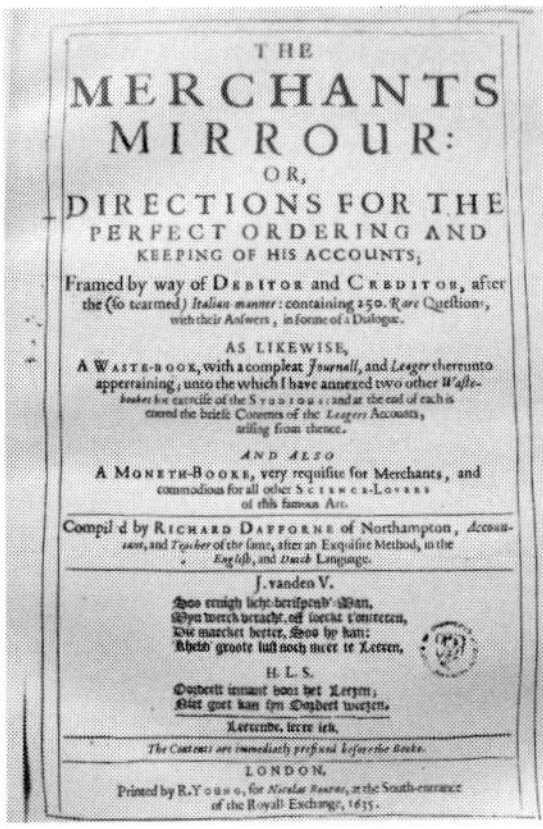
THE
MERCHANTS
MIRROUR:
OR,
DIRECTIONS FOR THE
PERFECT ORDERING AND
KEEPING OF HIS ACCOUNTS;
Framed by way of DEBITOR and CREDITOR, after the (so tearmed) *Italian manner*: containing 250. *Rare* Questions, with their Answers, in forme of a Dialogue.
AS LIKEWISE,
A WASTE-BOOK, with a compleat *Journall*, and *Leager* thereunto appertaining; unto the which I have annexed two other *Waste-bookes* for exercise of the STUDIOUS: and at the end of each is entred the briefe Contents of the *Leagers* Accounts, arising from thence.
AND ALSO
A MONETH-BOOKE, very requisite for Merchants, and commodious for all other SCIENCE-LOVERS of this famous Art.
Compil'd by RICHARD DAFFORNE of Northampton, *Accountant*, and *Teacher* of the same, after an Exquisite Method, in the *English*, and *Dutch* Language.
J. vanden V.
H. L. S.
The Contents are immediatly prefixed before the Booke.
LONDON,
Printed by R. YOUNG, for *Nicolas Bourne*, at the South-entrance of the Royall Exchange, 1635.

『商人の鏡』タイトルページ

ランダで進化した複式簿記の最大の特質は、インピンやステフィンで代表されるように、一年ごとの期間損益計算制度（年次決算）の確立である。この近代的複式簿記をイギリスの商人たちに説いたのがダフォーンの簿記書であり、近代的な複式簿記法をイギリスに伝承した簿記書として位置づけることができる。彼は、簿記書の上ではその説明が長く途絶えていた試算表の有用性についても詳しい説明をしている。

試算表は、複式簿記の損益計算過程において、記録と計算の正しさ、信頼性を担保するために作成される極めて重要な役割を担う検証表である。もちろん、パチョーリも『スンマ』の第一四章「仕訳帳から元帳への転記方法」と第三四章「旧元帳の締切と借方・貸方の総計」で試算表について説明している。

第一四章で残高試算表（Bilancio）を、第三四章では合計試算表（Summa Summarium）の説明がなされている。前章では、もし記帳や転記に誤りがなければ、元帳のすべての勘定の借方合計額と貸方合計額は必ず等しくなるため、両者を照合することによって記帳の正否を検証することができるとしている。それに対して後章では、元帳の各勘定の借方合計と貸方合計を一枚の表に転記し、両者が一致するか否かによって記帳・転記の正否を検証するものである。この第一四章の残高試算表と第三四章の合計試算表の二つによって、記帳と転記の正しさが証明される。

このパチョーリの説く第三四章の合計試算表（スンマ・スンマリューム）の「合計の総計」を誤解してそれを言葉通りに受け取り、不足した額を勘定の一方に加算して、等しくなった最後の借方・貸方双方の合計額を「合計の総計」と受け止めて、一覧表（Summa delle Summe）を作成し、これがパチョーリの説く合計試算表であると誤って解釈したのが自らをパチョーリの後継者と呼んだドメニコ・マンツォーネであった。彼は、こうした主張を『スンマ』に遅れること四〇年、『複式簿記』（1534）と題する一書をヴェネツィアで上梓し、詳しく説いている。しかし、そんな試算表では、記帳と転記の誤りをチェックするのには何の役にも立たない。誤謬のチェックという試算表の本来の役割を果たすことなど全く期待できないのは言うまでもない。その結果、その後百年近くにわたり、いわゆる試算表は、簿記書の上から途絶えていた。それを復活させたのがダフォーンである。この点については、拙著『決算会計史論』（1993）第2章で詳しく述べているので、興味のある人は、そちらを参照されたい。

ダフォーンは、精算表を連想させる合計試算表、残高試算表と繰越試算表の六桁からなる試算表の例示を挙げて、詳しく説明している。彼は、この六桁試算表を「一般残高一覧表」と名づけている。最後の繰越試算表が資産、負債、資本からなる貸借対照表と同じような内容になるため、損益計算書が省略された精算表だという強引な解釈がなされたこともあったが、その第三番目の覧には純利益が表示されていないことからも分かるように、決して貸借対照表ではなく繰越試算表なのである。また、六桁からなる様式は、精算表を想起させるが決してそうではなく、あくまでも多桁式の試算表なのである。

資本概念の確立

ダフォーンの簿記書のもう一つの特徴は、ステフィンの段階では、必ずしも資本概念が明確とはいえないところがあったが、この点について、彼は、明快に解説している。これまでの簿記書では、組合員の出資金には、「誰々の資本」というように、出資者の人名を記して誰の出資金であるのかという出資された資本の所属を明確に記していた。言い換えると、企業や組合が出資者個人の所有物だとする所有主理論（資本主理論）という考えが支配的であったというか、そうした意識が強かったといえる。ステフィンでも、ストック（資本）という用語を使っていたが、まだそのストックに「私の資本」というように資本の所属を明確に表示していた。

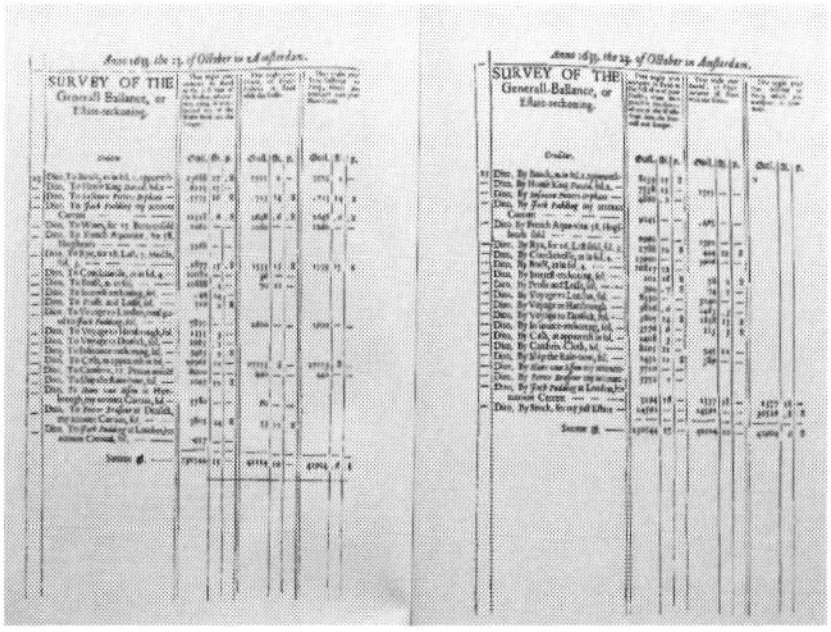

ダフォーンの多桁式試算表

しかし、ダフォーンは、資本にこうした人名の縛りを付けず、「ストック」と単独で勘定を設定している。出資金がある特定の個人の所有物あるいは所有権（プロポライアターシップ）ではなく、出資者個人とは独立した企業独自の資金（ストック）という考え方が徐々に形成されてくる。企業は、出資主の所有物であるという考えから解放され、企業が個人から独立した組織、すなわち所有主から独立した一個の法人格を持つ独立体として捉える考え方が生じてくる。彼は、一六四〇年にも第二の簿記書を出版し、企業が個人の所有物であるというこれまでの考え方から脱却した見方を徐々に形成していく。一七・一八世紀のイギリスで多くの簿記書が出版されるが、これらの簿記書にも大きな影響を与えている。オランダで熟成された近代的な複式簿記がイギリスに接木され、来るべき産業革命期への新たな会計学の誕生を生み出す助走への一石を投じる結果になったといえるのではなかろうか。

ダフォーンの簿記書はロンドンで出版されるが、ステフィンの後にオランダで上梓された重要な簿記書としては、一六八一年にアムステルダムで出版されたファン・フゥジェルの『商人帳簿の理論的教育に関する概要』を挙げることができる。

第３話：簿記から会計学へ

イギリス産業革命の進行

1　産業革命前夜のイギリス

イギリス最初の簿記書、ピールの登場

オランダで改良され近代的簿記へと大きく進化したイタリア式複式簿記をイギリスに持ち込んだのは、ダフォーンであったが、それよりも八〇年以上も前に、すでにイギリス人の手による最初の簿記書が出版されている。それがロンドンで出版されたジェイムズ・ピールの第一の簿記書『簿記を完全に理解するための方法と様式』(1553) である。

彼の生没年は明らかではないが、ロンドンで塩の売買に携わった商人であったといわれている。

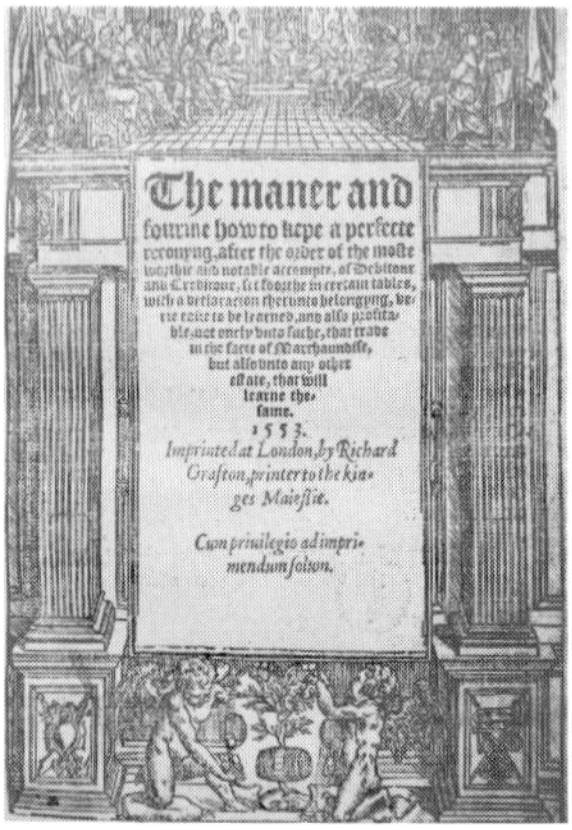

ピール簿記書のタイトルページ

長男のジョージ・ピール(1556–1598)は、エリザベス治世下の著名な劇作家だった。本書の最大の特徴は、多くの人が悩まされる仕訳の仕方を体系的に分類し、法則にもとづいて左右(借方・貸方)に分類する方法を説いている点にある。

複式簿記を難しくて厄介だと敬遠する最大の理由は、この取引を左右(貸借)に分けて記録する仕訳

にあるといっても過言ではない。しかし、生成当初の記録では、取引は、今日のような借方と貸方に分けての二重記帳ではなく、普通の文章形式で「Aに一〇〇リブラを貸した。返済日は復活祭の日とする。金利は四〇％で、もし遅延した時は、さらに二〇％の金利を追加する。保証人は、Bである」というように記帳していた。そうした記録方式が長い時間をかけて今日のような単純化された形式へと進化していくのである。いわば、その形式化を方向づけたのがピールであったということができる。

複式簿記の特質は、一つの取引をフロー（原因）とストック（結果）の二つに分けて、当初は、それらを帳簿の左ページと右ページに分類し、記録した。そのため、この記録システムが複式簿記と呼ばれ、かのドイツの詩人ヨハン・ヴォルフガング・フォン・ゲーテ（1749－1832）をして「人智が生んだ最大の発明」とまで言わしめた利益の記録計算システムなのである。

記帳の擬人化からの脱却

先に述べたように、複式簿記が誕生した当初は、記録の信頼性を担保するために、取引を文書形式で分かり易く記録していた。具体的に示すと、Aにお金を貸すと、「Aは、私に（To）一〇リブラを支払うべし」と記帳し、Aの勘定の左側（借方）に記録する。それと同時に、現金を擬人化して「現金出納係は、Aから（By）一〇リブラを受け取るべし」として現金出納係すなわち今日の現金勘定の右側（貸方）に記帳した。こうした記帳法が少し時代を下ると、「Aは、私に対して一〇リブラの借主である」として、A勘定（貸付金勘定）の借方（左側）に記録するようになる。また、商品一〇リブラをBから掛けで購入すると、「Bは、私から代金の一〇リブラを受け取るべし」としてB勘定（借入金勘定）の貸方（右側）に記帳する。後になると、「Bは、私に対して貸主である」として貸方に記帳する。それと同時に、商品を掛け購入したので、商品の管理者がBの借主になるため、商品管理者勘定（商品勘定）、今日の仕入勘定の借方（左側）に記帳した。

このような擬人化した記録から解放され、「現金はAに対して貸方である」とか「商品は、Bに対して借方である」というように、仕訳の冒頭に勘定科目をもってきて、勘定の借方には単に「To…」として相手勘定を書き、貸方には「By…」と記して相手勘定を書くようになる。今日の仕訳の法則の原形が出来上がったといって良い。この仕訳の法則性を明確に説いたのが先に述べたピールであった。一七世紀に入ると、イギリスで数多くの簿記書が相次いで出版される。いささか専門的な説明になってしまったので、その間の事情は後で述べることにして、ここでは、会計の説明と少し離れて、ロンドンの街をゆっくりと散策することにしたい。

一七世紀のイギリスは、世界の覇者へと駆け上る助走期であった。チャールズⅡ世下（在位：1625‐1649）で、スペインから覇権を奪い取ったオランダと三次に渡る戦争（1652‐1654, 1665‐1667, 1672‐1674）を繰り返し、ついに海上の支配権をオランダから奪い取ることに成功する。その後、

郵　便　は　が　き

料金受取人払郵便

落合局承認

4302

差出有効期間
2022年 8 月31日
（期限後は切手を
おはりください）

161－8780

東京都新宿区下落合2-5-13

㈱ 税務経理協会

社長室行

お名前	フリガナ	性別	男 ・ 女
		年齢	歳
ご住所	□□□-□□□□ TEL （ ）		
E-mail			
ご職業	1．会社経営者・役員　2．会社員　3．教員　4．公務員 5．自営業　6．自由業　7．学生　8．主婦　9．無職 10．公認会計士　11．税理士　12．行政書士　13．弁護士 14．社労士　15．その他（ ）		
ご勤務先・学校名			
部署		役職	

ご記入の感想等は，匿名で書籍のＰＲ等に使用させていただくことがございます。
使用許可をいただけない場合は，右の□内にレをご記入ください。　□許可しない

ご購入ありがとうございました。ぜひ、ご意見・ご感想などをお聞かせください。
また、正誤表やリコール情報等をお送りさせて頂く場合もございますので、
E-mail アドレスとご購入書名をご記入ください。

この本のタイトル	

Q1　お買い上げ日　　　年　　月　　日

ご購入方法　1．書店·ネット書店で購入（書店名　　　　）
　2．当社から直接購入　　3．その他（　　　　）

Q2　本書のご購入になった動機はなんですか？（複数回答可）
1．タイトルにひかれたから　　2．内容にひかれたから
3．店頭で目立っていたから　　4．著者のファンだから
5．新聞・雑誌で紹介されていたから（誌名　　　　）
6．人から薦められたから　　7．その他（　　　　）

Q3　本書をお読み頂いてのご意見・ご感想をお聞かせください。

Q4　ご興味のある分野をお聞かせください。
1．税務　　2．会計・経理　　3．経営・マーケティング
4．経済・金融　　5．株式・資産運用　　6．法律・法務
7．情報·コンピュータ　　8．その他（　　　　）

Q5　カバーやデザイン、値段についてお聞かせください

①タイトル	1良い	2目立つ	3普通	4悪い
②カバーデザイン	1良い	2目立つ	3普通	4悪い
③本文レイアウト	1良い	2目立つ	3普通	4悪い
④値段	1安い	2普通	3高い	

Q6　今後、どのようなテーマ・内容の本をお読みになりたいですか？

ご回答いただいた情報は、弊社発売の刊行物やサービスのご案内と今後の出版企画立案の参考のみに使用し、他のいかなる目的にも利用いたしません。なお、皆様より頂いた個人情報は、弊社のプライバシーポリシーに則り細心の注意を払い管理し、第三者への提供、開示等は一切いたしません。

名誉革命（1688）を経てオラニエ公ウィリアムⅢ世（在位：1689‐1702）がイギリス王位を継承し、長期に渡るスペイン王位継承戦争（1701‐1714）が引き起こされる。一七・一八世紀は、世界の覇権を手にするための戦乱に次ぐ戦乱の時代であった。

南海泡沫とホゥガースの風刺画

度重なる覇権争いによって戦費が膨らみ、この膨大な戦費を補うために考え出されたのが無価値に等しくなっていた公債を資本金にあてて南海会社を設立（1711）することであった。いずれの時代でも、いずれの国においても、不埒なことを考え出す者がいるということであろうか。これが日本の一九八六年末から一九九一年初めまで続くバブルの名称のもとになった、かの南海泡沫《サウスシー・バブル》事件（1720）へと繋がっていくことになる。欲に呆け、投機熱に踊らされた多くの庶民が多額のお金を泡沫会社の株の購入に充て、その結果、莫大な損失を被ることになる。詳しくは、参考文献に挙げている拙著『原点回帰の会計学―経済的格差の是正に向けて』の第4章第2節で書いている

ウィリアム・ホゥガースの版画「南海泡沫」

のでそちらを参照されたい。

投機熱に浮かれた異常な社会の状況を風刺して版画を刷ったのがウィリアム・ホゥガース（1697-1764）である。このホゥガース・ハウスは、地下鉄ディストリクト・ラインのハマースミス駅から西へ三駅ターナム・グリーン駅から歩いて一〇分程の所にある。ホゥガースは、一八世紀イギリスを代表する風刺画家で、連作の「当世風結婚」や「放蕩一代」、あるいは「南海泡沫」やビールを飲んで浮かれた姿の「ジン横丁」と酒に酔って子ども放り出している主婦の姿を描いた「ビール街」は、多くの経済史の本の中でも紹介されてきた。またロンドン経済政治学院（LSE）のすぐ北にあるリンカンズ・イン・フィールズに面したサー・ジョン・ソーン博物館にも多くのホゥガースの作品が展示されている。LSEに行ったときは、後でもう少し詳しく述べるコートール

ホゥガースの「ビール街」

ジェームズ・スミス＆サンの傘と杖の店

ド・ギャラリーと共にこのサー・ジョン・ソーン博物館にも足を運んでもらいたい。その近くのホルボーン駅のすぐ東に一八三〇年創業の老舗ジェームズ・スミス＆サンのイギリス紳士には欠かせない傘と杖の専門店がある。ロンドンに行くたびに立ち寄るため、気がつくといつのまにか自宅の傘棚がロンドンの香りでいっぱいになってしまった。

イギリス産業革命の始まり

一八世紀後半からは、いよいよ産業革命が始まる。一七六〇年頃から一八四〇年頃にかけて、これまでの手工業に代わる新たな機械制工場と人や動物に代わる動力源の蒸気機関の発明による技術革新によって、社会構造や産業構造が大きく変革していくことになる。新たな時代の幕開けである。この産業革命期を生き、移り行く社会の変化を目の当たりにして絵筆をとったのが、イギリスを代表する画家ウィリアム・ターナー（1775-1851）である。彼の描いた蒸気船や蒸気機関車は、変貌する社会をそのままに映し描いた傑作で、今もなお、多くの人の心を揺さぶり続け

ターナーの「グレート・ウェスタン鉄道」

モネの「サン・ラザール駅」の蒸気機関車

ている。この新たなエネルギーの開発こそがイギリスを世界の覇者へと押し上げていった要因である。

　蒸気機関車の絵で有名なのに、モネの蒸気と靄《もや》に煙る駅に今まさに到着せんとする蒸気機関車の光と影を描き出した「サン・ラザール駅」と雪の積み重なった大平原を駆け抜ける「雪の中の汽車、機関車」がある。前者はパリのオルセー美術館に、後者は同じくパリのマルモッタン美術館に所蔵されている。どちらの絵も一度は、目に焼き付けておきたい。フランスにも押し寄せる産業革命の息吹が伝わっていくのがよく分かる。

　ターナーの作品が多く展示されているのがテート・ブリテンである。テート・ギャラリーは、どうしても訪れたい所の一つである。テムズ川に架かるミレニアム橋の南に新たにテート・モダーンが建設され、そこには、ゴッホ等の多くの印象派の画家たちの絵の他に、ピカソ、ダリ、シャガール、カンディンスキー、キリコやボナールといった多くの現代作家の絵が展示されている。このテート・モダーンが建設されたため、かつての一六世紀から一九世紀までのイギリス絵画を中心に集めたテート・ギャラリーが今はテート・ブリテンと名前を変更している。テート・ブリテンを訪れ、ターナーが描いた煙や靄《もや》に霞んだ蒸気機関車や蒸気船を見るたびに、心はいつも、一九世紀初めのイギリス産業革命の真只中を旅している気分になる。

相次ぐ巨大な株式会社の設立

産業革命を推し進めた要因に、巨大な株式会社の登場やエネルギーの開発の他に、時間の管理というか支配を見逃すことはできない。当時の労働者の一日は、日の登りと共に仕事につき、日の暮れと共に家路につくというのが一般的であった。こうした日常が時計の発明によって大きな様変わりを見せることになる。労働時間が管理され、新たな動力と機械の発明と共に生産力が飛躍的に増大することになる。その大きな原因の一つが機械時計の発明である。物理的な時を告げる機械時計の発明は、すでに述べたように、一三世紀末から一四世紀初めのヨーロッパの修道院だったと言われている。正確なお祈りの時間を知るためで、その音色は、まるで中世の鐘（クロック）の音のようであったそうである。ヴェネツィアのサン・マルコ広場にある時計塔やロンドンのビッグ・ベン、あるいはドイ

ビッグ・ベンを望むチャーチル

ツのボンにあるからくり時計などは有名である。

この正確な時を知らせる時計は、一四世紀の中頃には、市庁舎や教会や市場に設けられ、市民に城門の開閉や食事の時間、何よりも仕事の初めと終わりを告げるのに用いられた。その結果、それまでは日が昇って仕事につき、日が暮れると仕事を終えていた習慣が、機械時計の知らせで毎日決まった時間に仕事を始め、決まった時間に仕事を終えるようになる。時間による労働管理である。まさしく、タイム・イズ・マネーである。これによって、労働生産性が格段に改善される。時間の管理による生産性の向上は、同時に、労働強化にも繋がっていくことになる。

また、機械時計の発明により時間管理を厳密に行うようになっていった修道院がワインの製造のために複式簿記を用いて、その原価を計算し、利益を計算していたのは、興味深い所である。修道院が複式簿記を工業生産に適用した商的工業簿記によって記帳した最も初期の事例として挙げられるのは、すでに述べた通りである。

2　会計と芸術の関わり

ナショナル・ギャラリーに展示された絵と会計

ロンドンで誰もが最初に訪れるのが、大英博物館とナショナル・ギャラリーであろう。ナショナ

「２人の徴税官」:『芸術と会計』より

「守銭奴」:『芸術と会計』より

ル・ギャラリーは、パリのルーブルと双璧をなす世界最高ランクの絵画のコレクションを一堂に集めた美術館である。ルネサンス期のダヴィンチ、ミケランジェロやボティチェッリからレンブラント、ルーベンスやフェルメール、それにモネ、ゴッホにドガといった印象派の膨大な数のコレクションが展示されている。

中には、会計に関係する絵も何点か見つけ出すことができる。代表的なのが、中世の徴税官が人々から税金を徴収している様子を描いた「二人の徴税官」である。この絵とほぼ同じ題材の同名の「二人の徴税官」がミュンヘンのアルテ・ピナコテークに展示されており、しかもこれとほとんど同じ内容で描かれ「守銭奴」と名づけられた絵がイギリスのハンプトン・コート・パレスに所蔵されている。帳簿に記帳している冷徹そうな一人と意地の悪そうなもう一人の男の顔が描かれている。これらの絵は、著名な会計史家であり一九七四年から一九八一年まで「ナショナル・ギャラリーの理事を、一九七八年から一九八一年まではテート・ギャラリーの理事を務めたLSEの名誉教授B・S・ヤーメイ（1919–2020）が著した『芸術と会計』（1986）に掲載されている。

ヤーメイとの出会い

B・S・ヤーメイとの初めての出会いは、一九八〇年八月一六日から一八日までの三日間に渡りロンドンのリージェント・パークにあるロンドン・ビジネス・スクールで開催された第三回会計史国際会議でのことであった。その時、懇親会でテーブルを同席した関係で生涯の友になったマイケル・メファムやロジャー・メイスとの出会いもこの時であった。

その後、一九八六年から一九八七年にかけてイギリスに一年間留学した際、彼が現時点で一番関心を持っている会計史分野の研究課題を聞かせてもらいたくて、何度かLSEの彼の研究室を訪ねた。その時、すぐ後で述べるベアリング・ブラザーズ商会の帳簿のコピーを見せて、不明な点について彼の考えを聞かせてもらった。帰り際に、ベアリング・ブラザーズの史料コピーをもらえないかと頼まれ、快く承諾し、次回研究室で会う時に手渡すことを約束して別れた。その時、コピーのお礼として頂いたのがこの『芸術と会計』（イタリア語版、二八七頁）である。その後、本書は、一九八九年に縮刷版（一五七頁）が英語版として出版されている。

一九八九年一一月一三日に、雄松堂書店が古典簿記書の復刻シリーズの広報も兼ねて、ヤーメイを日本に招待し、東京と大阪で記念講演会が開催された。その大阪での司会の依頼を受けたが、その時に彼から『芸術と会計』の英語版もサイン入りで頂いた。今も大切に保管している。

話しが少し脇道にそれるが、ナショナル・ギャラリーの道路を挟んだすぐ東隣に、セント・マーティン・イン・ザ・フィールズ教会がある。クリスマスが近づくといつも小さなクラシックのコンサートが開かれる。ビバルディやバッハがよく演奏される。時間を作って聞きに行くのも一興である。クラシック・ファンに欠かせないのがロイヤル・フェスティバル・ホールである。テムズ河をウォータールー橋かハンガーフォード橋を渡ったところにある。バロック期に活躍したドイツ生まれだがイギリスで活躍し、イギリスに帰化したゲオルク・フリードリッヒ・ヘンデル（1685－1759）やイギリス生まれのヘンリー・パーセル（1659－1695）を聞くのもまたクラシック・ファンには、こたえられない。コヴェント・ガーデンの東隣にあるロイヤル・オペラ・ハウスでは、ナッツ・クラッカーや様々なクラシックから現代作品までもが上演されている。

ベアリング・ブラザーズ商会の試算表

『芸術と会計』には、その他にも会計に関わる興味深い絵が数多くある。中でも、シティのサウ

ベアリング商会創始者の３人『芸術と会計』より

ス・レディン・ホール通りにある資料館に保管されていたベアリング・ブラザーズ商会の経営のトップがサインをした試算表は、企業財務の状態を利害関係者に開示するために、帳簿とは別の紙葉に作成された報告書である。創設者サー・フランシス・ベアリング、彼の兄弟のすぐ後で述べるジョン・ベアリングとフランシスの娘婿のチャールズ・ウォールの三人が机の上の開かれた元帳の前で話をしている姿の絵が、先に紹介したヤーメイの『芸術と会計』に掲載されている。このベアリング・ブラザーズ商会の仕訳帳や元帳といった古い帳簿は、地下鉄バンク駅から北西すぐのところにあるギルドホール・ライブラリーに保管されている。ただ、一七八一年から一八〇五年にかけての試算表や決算書類は、イギリスの金融の中心シティにある本社ビルの南側のレデンホール通りにある資料室に保管されていた。幸い、グラスゴー大学のアダム・スミス・ストアーの書記官のマイケル・モスの紹介状をもらっていたため、ベアリング・ブラザーズ商会の史料管理室のM・J・オーベルの好意によって当該年度の試算表のコピーを手に入れることができた。イギリスの多くの古くからの会社は、残された貴重な書類を保管するための独自の資料室を持ち、専門の記録保管係を配置しているのが多く見られる。

一七六二年に設立されたイギリス最古のマーチャント・バンクであるベアリングス銀行は、女王陛下の銀行として世界中に知られていた。この有名な銀行がシンガポールの子会社のニック・リーソンというたった一人の不正なデリバティブ取引によって倒産したのである。一九九五年二月二六日のことである。その時の損失額は、当時の自己資本の二倍近くもあったという。世界中を震撼させ、デリバティブの恐ろしさを知らしめた出来事であった。今となっては、この手持ちの資料はとても貴重になっているのかも知れない。

試算表に記された経営者のサイン

試算表は、利益を計算する前準備として、仕訳帳から元帳に取引数字を転記し元帳を締め切るに際して、すべての勘定の数値に誤りがなかったどうかを検証するために作成される一覧表である。したがって、内部の点検のための計算書類であるため、もし誤りがなければそれで用済みになる。しかし、このベアリング・ブラザーズ商会の一七八一年の試算表には、経営トップ三人の署名が入った資料が残されている。ではなぜ、署名入りの試算表が作成されたのであろうか。

一般的には、一八世紀の後半にはまだ、今日のような一般の株主に開示するための貸借対照表や損益計算書は、誕生していない。そのため、この財務諸表に代わって株主に財務状態を報告するた

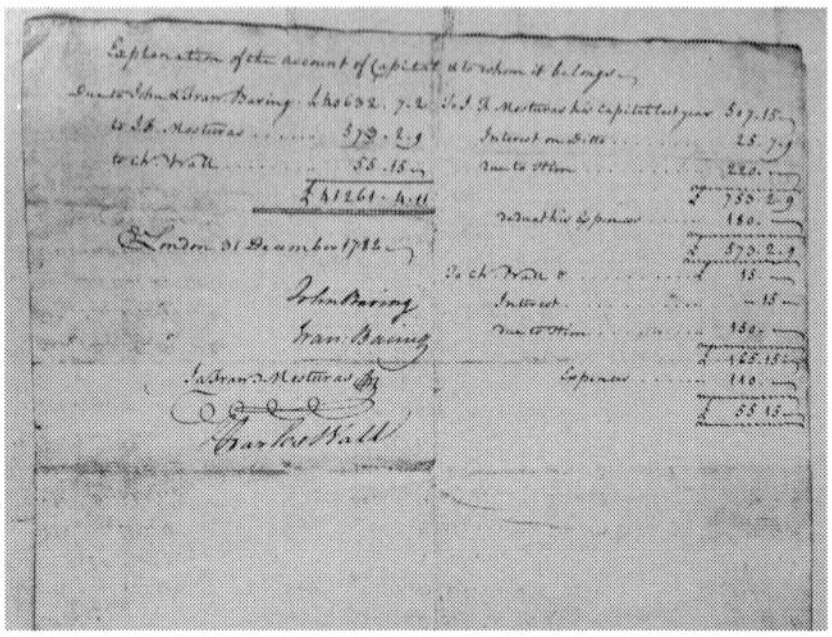

ベアリング商会の試算表に記された証明用サイン

めの資料として、こうした試算表や残高勘定が利用されている。それがベアリング・ブラザーズ商会の試算表であり、すぐ後で述べるフィンレイ商会の残高帳である。

とりわけ、試算表には資産や負債だけではなく収益や費用も含まれたすべての取引に関する概要が記載されているため、企業財務の開示資料としては極めて好都合であったものと思われる。経営トップが試算表にサインをして記帳内容に誤りがないことを担保し、株主や債権者等に企業の財政状態や経営成績を開示したものと思われる。試算表ではないが、同じように株主や債権者に一年間の財務状況を開示する目的で決算残高勘定だけを一冊の帳簿にまとめて、各年度末に作成している。その残高勘定の最後に経営トップと記帳責任者が署名し一冊に纏めた、残高帳と名づけられた帳簿も残存している。

主に一七九〇年代に作成されたグラスゴーの

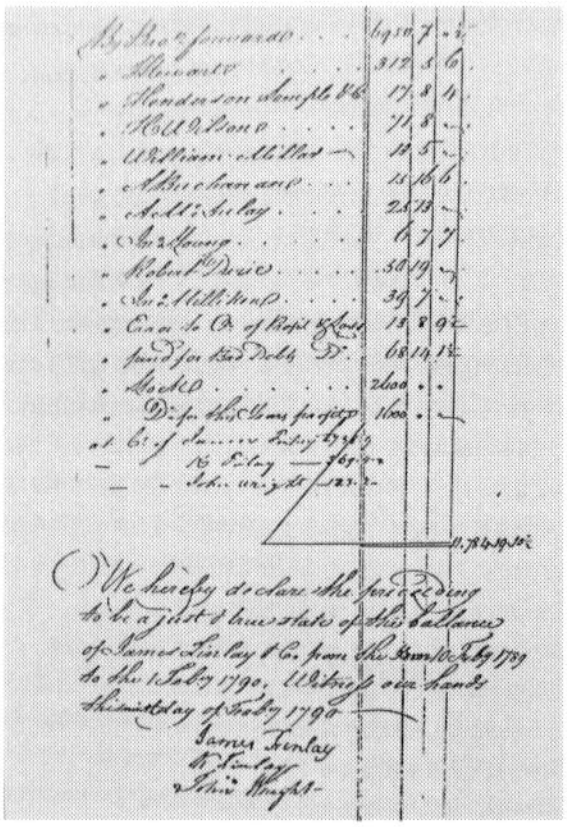

フィンレイ商会の残高帳

フィンレイ商会の残高帳《バランス・ブック》がそれである。例えば、一七八九年二月一〇日から一七九〇年二月一日までの残高勘定がジェームズ・フィンレイ、K・フィンレン、ジョン・ライト三人が署名して開示されている。こうした工夫は、まだ財務諸表が誕生する以前に一般の株主から投資を誘引するために考え出されたものといえよう。したがって、貸借対照表や損益計算書が登場してからは、財務状態の開示の役割を終えて、徐々にその姿を消していく。

アンティーク・ショップが並ぶケンジントン・チャーチ・ストリート

話しをロンドンに戻すことにする。ロンドンに行って何よりも最初に行ってみたいと多くの人が思うのは、世界最大の貴重なコレクションを誇る大英博物館であろう。古代エジプトの最古の象形文字ロゼッタ石にミイラ。ギリシャ・ローマ時代のパルテノン神殿に残された彫刻やシルクロードによって運ばれた西アジアから東洋に至る唐三彩の陶器。さらには、バーナード・リーチや富本憲吉が見出し、柳宗悦や河井寛次郎、濱田庄司によって民芸運動としての大きな美の流れを作った一八世紀イギリスのスリップ・ウェアーがある。濱田庄司の弟子に象嵌で有名な益子焼の島岡達三（1919－2007）がいる。島岡の弟子に民芸の流れを継ぐ土屋典康が伊豆で窯を開いている。派手さはないが玄人好みの重厚な品格をもった作品である。

ノッティングヒル・ゲイト駅から南に下るケンジントン・チャーチ・ストリートには多くのアン

ケンジントン・チャーチ・ストリートにあるパブ

ティーク・ショップが並んでいる。イギリスにはどこにでもパブがあるが、ここにもいつもきれいな花で飾られた素敵なパブがある。見ているだけでも心が弾んでくる。運が良ければスリップ・ウェアーに巡り合うことができるかも知れない。もちろん、今となっては余りも高額で、とても私には手が出せるような価格ではない。スリップ・ウェアーというのは、一八世紀のイギリスで泥釉の化粧土を掛けて焼き上げた特有の焼物で、わが国でも現在、関西地域では、丹波の柴田雅章によって復元され、バーナード・リーチと親交のあった立杭の丹窓窯市野茂良（1942－2011）の伴侶茂子がその志を受け継ぎ取り組んでいる。

　会計とはいささか離れてしまうが、印象派に興味のある人がどうしても訪れたいのがオールドウィッジにあるコー

マネの「フォリー＝ベルジェールのバー」

トールド・ギャラリーである。LSEに行ったときには、時間があればいつも足を運んだ場所である。ゆっくりと見て回った後で、喫茶室で飲む紅茶とクッキーには、格別の想いが蘇る。私が最も印象に残っているのが、セザンヌの「カード遊びをする人々」、マネの「フォリー＝ベルジェールのバー」や「草上の昼食」、それにピサロの「ロードシップ・レーン駅、ダリッジ」である。ゴッホの「包帯をした自画像」、ルノワールの「桟敷席」等も見逃すことはできない。

ロンドン在住での最初の出会い

イギリス会計史を専攻したため、一九八六年四月から一年間の海外留学先に選んだのは、当然のことながらイギリスであった。ロンドンについて何をさておいても最初にしなければならないのは、一年間を快適かつ安全に過ごせる住居の確保とグリーンカードの申請である。当時、日本人の多くが居を構えていた地下鉄ノーザンラインのフンチリー・セントラル駅界隈は、安全で清潔であったので、ここに居を構えることにした。早速、駅の近くの日本人が経営する不動産屋を訪ね、いくつかの物件を紹介してもらった。その中から、駅から歩いて三、四分のところにあるフラットに決めることにした。家具や食器や掃除機に洗濯機まで付いているので、その日からの生活にも何一つ不自由はなかった。近くには、日本人向けの食料品や雑貨品を置いている店もあり、テスコという大きなスーパーもある。快適に生活するには極めて便利な場所であった。

同じノーザンラインでカムデン・タウンから枝分かれしている先のゴーダース・グリーンという駅に法政大学の原征士一家が一年前から留学していたので、何かにつけて相談ができ、初めての異国生活ではあったが不安は少しもなかった。

フラットのオーナーが美術史専攻でニュージーランドの大学に就職して空き家になっていたため、彼の両親オリバー・ストッカーとミラーダ夫妻が契約に立ちあった。残念ながら二人とも今は帰らぬ人になったが、彼らとの交流は、在英中はもちろん帰国後もずっと続くことになる。イギリスが好きになった大きな要因に、彼らとの交流があったのは紛れもない事実である。夫妻が高齢になり、息子のマークと一緒に住むためにニュージーランドへの移住を決め、彼らの誘いを受けて南島のクライストチャーチに二〇日間滞在したのは、もう二〇年以上も前のことになる。一緒に過ごした時のことを頭に浮かべると、いつも心が熱くなる。忘れることのできない想い出である。

ペンザンスと芸術の町セント・アイヴズ

ロンドンからは随分と遠くになるが、バーナード・リーチ（1887–1979）が益子焼の人間国宝濱田庄司（1894–1978）と共に開いた窯がイギリス西端の駅ペンザンスのすぐ近くのセント・アイヴズにある。ペンザンスには、ロンドンのパディントン駅か五時間半の長旅である。折角なので、セント・アイヴズに行く前に、ランズ・エンドに行くことを勧めたい。ランズ・エンド、「地の果

ランズ・エンドに立つ各地までの標識

セント・マイケルズ・マウントの雄姿

て」の名の由来は、まだクラウディオス・プトレマイオス（100-?）の天動説が支配していた頃の名残で、かの地の先は海が割れて、真っ逆さまに地獄に落ちるものと信じられていた頃につけられた名前である。ガリレオ・ガリレイ（1564-1642）やニコラウス・コペルニクス（1473-1543）が命をかけて地動説を唱えたのは、小学校で習ったところである。

ペンザンス駅から東に5km ほど戻った南側の海岸に小さな島が浮かんでいる。フランスの世界遺産モン・サン・ミッシェルとつながりの深いセント・マイケルズ・マウントの修道院である。島には、干潮時には歩いて渡れるが満潮時にはボートを利用しなければならない。このセント・マイケルズ・マウントの北側には、多くの芸術家が集ったセント・アイヴズがある。ターナー美術館の別館もあり、よくターナーが写生した海岸である。何よりも、そこには、日本人には馴染みの深い柳宗悦や河井寛次郎、あるいは棟方志功の民芸で有名なバーナード・リーチ記念館がある。若い芸術家が集い、それぞれが追求する美を求めて、終夜窯の炎と対峙している。コーンウォールの最果ての地セント・アイヴズは、まさしくイギリスの芸術家の集う町である。

マイ・フェア・レディで有名なコヴェント・ガーデン

コーンウォールの西の端から、ロンドンに戻ることにする。LSE近くのコートールド・ギャラリーから少し西へ戻ったところに、真っ赤なバスのダブル・デッカー・ファンにはこたえられないロンドン交通博物館とオードリー・ヘップバーンが主演したミュージカル「マイ・フェア・レディ」で有名なコヴェント・ガーデンがある。一七世紀頃までは修道院があり、その後青果市場や草花の市場があったといわれている。入口前の広場や地下の広場ではいつもストリート・ミュージシャンが多くの見物人に囲まれて、楽しげに演奏している。また、コヴェント・ガーデンのすぐ北隣には、ロイヤル・オペラ・ハウスがある。ここでは、ナッ

セント・アイヴズのバーナード・リーチ記念館

マイ・フェア・レデイの舞台コヴェント・ガーデン

クイーンズ・シアターの看板

ツ・クラッカーなどのオペラや現代ものの幅広い作品が上演されている。クリスマスには観劇に行ってみるのも良いかも知れない。

少し西に歩くと、ナショナル・ギャラリーとチャイナ・タウンに挟まれたシェイクスピアの像の立つレスター・スクエアーがあり、その界隈には多くの劇場がある。レスター・スクエアーとピカデリー・サーカスの間にプリンス・オブ・ウェールズ・シアターがあり「マンマ・ミーア」が上演されている。チャイナ・タウンの西にあるクイーンズ・シアターでは、「レ・ミゼラブル」が上演され、ピカデリー・サーカスからハイマーケット通りを南に少し行ったハー・マジェスティーズ・シアターでは「オペラ座の怪人」が上演されている。近くのレストランに入るとウエイターが始まりの時間を聞きに来て、それに合わせて料理を運んできてくれる。どうやら、遅れる心配はなさそうである。ゆっくりと食事を堪能したい。

コーヒー・ハウスの登場

当時のイギリスは、オランダとインドや東南アジアの香辛料とりわけ高価な胡椒の獲得を巡る熾烈な競争を繰り返し、それを手に入れるために積極的に東方貿易に乗り出していく。

こうした状況下で、ロンドンに初めてコーヒー・ハウスが登場するのは一六五二年で、ロンドン大火の一四年前のことである。ペストがロンドンに蔓延する少し前の頃である。レヴァントを舞台に活躍していた商人のダニエル・エドワーズがトルコから帰国する際に連れ帰った召使のパスカ・ロゼに地下鉄バンク駅からコーンヒル通りを少し東に行った所に開かせたのがロンドンでの最初のコーヒー・ハウスである。そこから少し東に行ったリーデンホール・ストリートに東インド・ハウス（1647-1861）、現在のロイズ保険会社がある。イギリス東インド会社は、地下鉄モニュメント駅のイーストチープ通りを東に行き、ヒルトップ・レインを少し北に行ったところに、

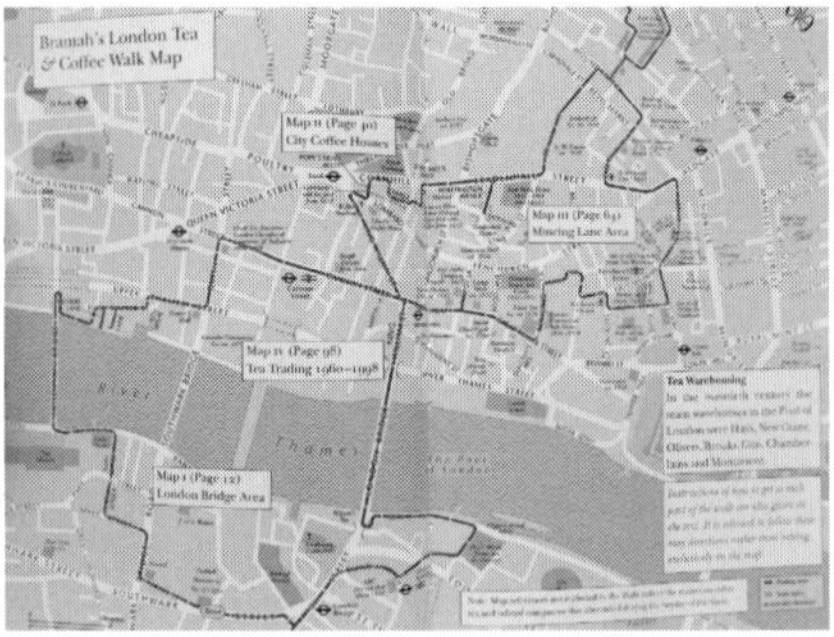

コーヒー・ハウスの所在図（ブラマーの本から）

一六〇〇年から一六一七年までの一八年間存在していた。

コーヒー・ハウスは、とりわけ東方貿易に関わる航海の情報交換の場として大きな役割を果たしていた。様々な情報を提供する新聞の起源もここにあり、航海のリスクを相互に支えあうためにロイズが保険を発案したのもコーヒー・ハウスからであった。このロイズ・コーヒー・ハウス（1691-1785）は、地下鉄のバンク駅から東南東に延びるロンバート・ストリートにあった。ロンバート・ストリートの名は、一五・六世紀の頃、イタリアのロンバルディアの商人たちが多くこの辺りに住居や店を構えていたことに由来し、羊毛の大きな市場もあったと伝えられている。当時のコーヒー・ハウスでは、当然のことながら、投資に関する様々な企業の財務情報の交換もなされたであろう。大勢の人が集まったここコーヒー・ハウスでは、会計に関する様々な財務情報も交換され、会計学の情報提供機能の重要性もまた認識されていたものと思われる。

3　ロンドンで訪れてみたい魅力ある箇所

一七世紀に襲ったロンドン大火とペスト

地下鉄のバンク駅の近くには、金融の象徴でもあるロイヤル・エクスチェンジを始め一六九四年設立のイングランド銀行やイングランド・アンド・ウェールズ勅許会計士協会（ＩＣＡＥＷ）や日

シティの象徴ロイヤル・エクスチェンジ

本から進出している多くの企業の事務所がある。イングランド銀行には博物館が併設されており、古いコインや紙幣も展示され、誰でも見ることができる。少し西に行くとセント・ポール大聖堂があり、東南東にはロンドン大火（1666）の記念塔や何よりもウィリアム征服王（在位：1066-1087）の時代に完成し、かのメアリー女王が幽閉されたロンドン塔がある。そのすぐ近くにテムズ川にかかるタワー・ブリッジもある。また、地下鉄のロンドン・ブリッジ駅で降りると西ヨーロッパで最も高いザ・シャードがある。七二階の展望台からのテムズ川の眺望は、格別である。サウスワーク通りを西に行った一筋目の角にティー・ルームを兼ねたブラーマ美術館がある。そこには、ティー・ハウスやコーヒー・ハウスに関する様々な興味深い資料が展示されている。是非一度足を運ぶのを

テムズ川にかかるタワー・ブリッジ

薦めたい。

経済史家の間ではよく知られている一六六〇年から記されたサミュエル・ピープス（1633-1703）の日記がある。彼が活躍するのは、ペストが瞬く間にイギリス全土に蔓延し、当時の人口五〇万人弱の中で約七万人、七人に一人の犠牲者を出した時代であり、ロンドンの旧中心街を四日間にわたって焼けつくしたロンドン大火（1666）に見舞われた時代でもあった。そのピープスの名前が残されたパブが地下鉄のマンション・ハウス駅の南西のテムズ川近くのスチュー小路にある。時間があれば、一七世紀のシティを偲びながら、一パインのビールでも飲んでみてはいかがだろうか。

ピープス氏の名がつけられたパブ

ロンドン郊外の訪れてみたい名所

ロンドン郊外にも沢山の名所がある。グリニッジ、ウィンザー城、ウインブルドン、リッチモンドにキュー・ガーデンと、いくら時間があっても足りない程、足を運びたい所は山ほどある。グリニッジにはチャリング・クロス駅から列車か地下鉄でも行けるが、やはりお勧めは、ウェストミン

グリニッジの港に繋がれているカティ・サーク号

スター桟橋から船でテムズ川を下っていく方法である。テムズ川を下り、ミレニアム・ブリッジを過ぎると、直ぐ左手に先に述べたサミュエル・ピープスのパブの看板が飛び込んでくる。グリニッジは、一七世紀後半に安全な航海を目的に、世界の標準時を決める子午線が引かれたところである。船付場には、大航海時代に東南アジアからお茶や香辛料を運ぶために活躍したカティ・サーク号がその雄姿を見せてくれている。もちろん、世界遺産に指定されている旧天文台には、標準時を示す時計も残されている。

ウィリアム征服王が築いたウィンザー城は、ウォータールー駅から列車で一時間足らずのところにある。城内には一二世紀後半に建てられたラウンド・タワーがそびえている。外敵に備え、東にロンドン塔、西にウィンザー城を建ててロンドンを守っていたのである。もちろん今でも女王陛下が良く利用されている。

ロンドン市内から少し南に、テニスの聖地ウインブルドンがある。二〇二〇年度はコロナで中止になったが、毎年六月末から七月にかけて世界四大大会の一つが開催される。高級住宅地としても知られている静かなところで、地下鉄のエンバンクメント駅から一五分ほどの所にある。

リッチモンドとハンプトン・コート

テムズ川の中域、ロンドン西方にのどかな田園地帯が広がる。リッチモンドである。ロンドンの中心から地下鉄で三〇分ほどのところにある。駅を降りて緩やかな坂道リッチモンド・ヒルの突き当たったところにリッチモンド・パークがある。もともとは、王室の狩猟場だったそうである。リッチモンド駅からバスで二五分のところにハム・ハウスがある。一七世紀に建てられたジャコビアン様式の屋敷や庭園は、まさに雄大である。

このリッチモンドの南には、ハンプトン・コートがある。ロンドン市内からは、ウォータールー駅から列車で三〇分の所にある。一五一四年に建てられたチューダー様式の大きな煙突がそびえる宮殿があり、バロック式の庭園は、素晴らしいの一言につきる。そこに作られている巨大なメイズ（迷路）は有名で、子供たちは大きな奇声を上げて駆け巡っている。駅から宮殿に着くまでの道の両脇に並んでいる店のショー・ウインドウを覗きながら、のんびりと歩いて行くのも楽しみの一つである。

世界遺産キュー王立植物園とナショナル・アーカイヴス

何よりも素晴らしいのがキュー・ガーデンである。市内の中心から地下鉄でディストリクト・ラインに乗り換え、リッチモンドの一つ手前にある。一七五九年にジョージⅢ世によって造られ、植

キュー・ガーデンの正面入口

世界の植物を集めたキュー・ガーデンの温室

物の保護のため世界各国から膨大な数の標本が集められ、四万種を超える植物が育てられている。とりわけ、春を告げるクロッカスやラッパ水仙が真黄色の花を一面に咲かせる姿は、まるでおとぎの国にでもいったような錯覚を覚える。庭園に放されている孔雀、様々な野鳥やリスには、訪れる誰もが心を和まされる。春の桜もまた格別である。

キュー・ガーデンズ駅の進行方向に向かって右側で降りて真っすぐ歩いて行くとすぐにキュー・ガーデンの入口に着く。キュー・ガーデンズ駅の左側に降りるとナショナル・アーカイヴス（旧パブリック・レコード・オフィス）がある。道に標識が立っているので、間違うことはない。この国立記録保管所は、鉄道会計に関する膨大な会計資料や役員会の議事録を始め数多くの貴重な史料が保管されており、会計報告書や減価償却、あるいは原価計算の研究にとってはまさに聖地ともいえるところである。随分と世話になったアーカイヴスの一つである。建物の中には、レストランも併設されており、一日中じっくりと時間をかけて調査をすることができる。

ナショナル・アーカイヴス

ロンドン市内に戻ることにする。エディンバラへの出発口、ハリーポッターで日本でも一躍有名になったキングス・クロス駅に隣接するセント・パンクラス駅の隣に、蔵書数一四〇〇万冊、総収蔵資料数は一億七千万点を誇る世界最大級の大英図書館がある。入館してすぐのホールには、一二一五年にイングランド王ジョンによって定められたマグナ・カルタ（大憲章）や多くの美しい古い図書が展示されている。現在の地に移設される前は、大英博物館の中に併設されてい

大英図書館と背後にセント・パンクラス駅

マルクスが毎日座っていた旧大英図書館の座席

マルクス『資本論』第2版（ハンブルク, 1867）

た。ドイツを始めフランス、ベルギー等を追放されたカール・マルクス（1818－1883）がイギリスに入国したのは一八四九年のことであり、ここロンドンが終焉の地にもなる。その間、毎日のように大英博物館の図書館に通い、朝の九時から夜の七時まで机に座って勉強したと伝えられている。一年間ロンドンに滞在した時、同じフラットに旧大英図書館に勤めている人がおり、彼に頼んで朝早くに図書館の書庫の２階の円形の回り廊下から、マルクスがいつも座っていた机辺りを写真に収めたのが懐かしく想い出される。この時代の成果が『経済学批判』（1859）や『資本論』（1866）として出版される。

この大英図書館の中にインディア・オフィス・レコーズがあり、そこに一六〇〇年一二月に設立された世界最初の株式会社イギリス東インド会社に関する膨大な史料が保管されている。世界最初の貸借対照表は、このイギリス東インド会社で一七世紀後半に作成されている。もっとも、今日のように、一般の株主に経営成績や財政状態を開示するために作成される近代的な財務諸表は、一九世紀産業革命の全盛期に、鉄道、製鉄、製綿に関する巨大な株式会社で作成されるまで待たなければならない。これらの史料は、先に述べた地下鉄キュー・ガーデン駅にあるナショナル・アーカイヴスに保管されている。

産業革命を牽引した蒸気機関車

ロンドンの買い物では必ずといっていいほど観光客が足を運ぶハロッズ百貨店があり、その近くにヴィクトリア&アルバート博物館と西隣にサイエンス・ミュージアムがある。そこには、後で述べる国立ヨーク鉄道博物館と同様、産業革命の担い手の一つであった蒸気機関車の先駆けスティーヴンソン親子のロケット号が当時の雰囲気をそのままに残して展示されている。リヴァプール、マンチェスター間で世界最初の一般の旅客を載せて、時速四六・六kmで走った蒸気機関車である。ただ、イギリスで「蒸気機関

サイエンス・ミュージアムのロケット号

ていない。

車の父」といえば、リチャード・トレビシック（1771－1833）であるのは、日本では意外と知られていない。

トレビシックは、コーンウォール洲の鉱山の出身で、レールの上を走る世界最初の蒸気機関車を発明し、一八〇四年にウェールズのマーサー・ティドビルにあるペナダレン製鉄所で初めて走行に成功した。しかし、当初は、道路上にレールを直接引き枕木をその下に置くということをしなかったため、トレビシックの蒸気機関車は余りにも重く、土にのめり込んでうまく走らなかったといわれている。その間に、一八一四年に「鉄道の父」ジョージ・スティーヴンソン（1781－1848）がキングスワースで蒸気機関車「ブリュヘル号」を制作し初走行に成功している。一八二五年には、かのロケット号でストックトンとダーリントンの間を最高時速二四km、平均時速一二・八kmで走り、優勝賞金五〇〇ポンドを獲得した。一八三〇年には、先に述べたリヴァプール・マンチェスター鉄道を開通させ、後世に残る栄誉を勝ち取ることになる。

それに対して、トレビシックは、蒸気機関車の発明者でありながら、必ずしも歴史上ではそれほど知られることはなく、その後ペルーに渡り鉱山関係の仕事に従事するが、晩年は、あまり恵まれず、不遇のままに生涯を終えたと伝えられている。

4　カーディフとダウライス製鉄石炭会社

キャッシュ・フロー計算書の萌芽

ロンドンのパディントン駅から二時間程西に走ると、ウェールズのカーディフ・セントラル駅に着く。カーディフは、かつてウェールズの首都であったところで、産業革命時には製鉄を中心にした工業地帯として、また石炭の輸出港として繁栄した町である。今もなおケルトの文化を色濃く残している街でもある。町の通りの名前やバス停にはケルト語の名残であるウェールズ語の表記があり、うまく発音できずにタクシーに乗って行先を告げようにも通じなくて、困惑することもしばしばである。ロンドンという地名もこのケルト語からきているそうである。スコットランドでは、ケルト語に加えて特に発音にゲール語の名残があり。パブの隣で若者たちが話しているのを聞くと一瞬ドイツ語と勘違いする時がある。

カーディフ駅からウエストゲイト通りを真っすぐに歩き、突きあたったところが、広い緑に囲まれ、孔雀が放し飼いにされているカーディフ城である。敷地の中央には紀元前後にローマ人が築いたノーマン・キープと呼ばれる古塔がたち、頂上に上るとカーディフ市内が一望できる。カーディフには二カ月程滞在したが、その目的は、ダウライス製鉄石炭会社の史料を手に入れることであっ

カーディフ城にあるノーマン・キープ

グラモーガン・レコード・オフィスの入口

た。シテイ・ホールの近くにあるグラモーガン・レコード・オフィスに目的のものは保管されている。世界最大の製鉄会社に登りつめたダウライス製鉄石炭会社で最も注目されるのは、今日のキャッシュ・フロー計算書の萌芽として位置づけられる比較貸借対照表を作成している点にある。

　この比較貸借対照表は、鉄鋼の需要の増加に応えるために、新たに溶鉱炉を増設しようとした時のことである。損益計算書や貸借対照表では利益が出ていたので新設を決断するが、実際に支払いの段になった時、支払うためのお金がない。財務諸表には利益が出ているではないか。利益は、何処に行ってしまったのか。利益とはお金ではないのか。そんな疑問が大きく膨らんだため、工場長は、比較貸借対照表を作成してみた。その結果分かったのが、利益だとばかり思っていたのが、実

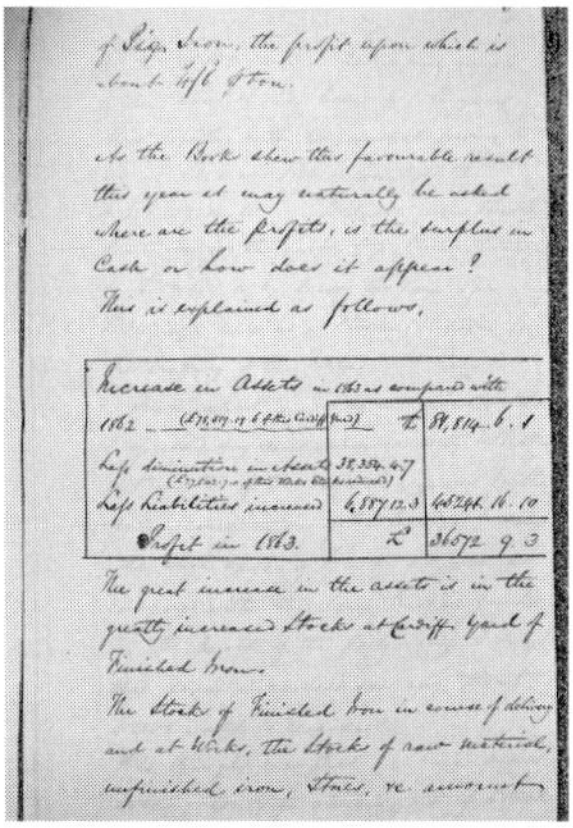
of Pig Iron, the profit upon which is about ... f Ton.

As the Book show this favourable result this year it may naturally be asked where are the profits, is the surplus in Cash or how does it appear? This is explained as follows.

Increase in Assets in 1863 as compared with 1862	£	89,814. 6. 1
Less diminution in assets	38,384. 4. 7	
Less Liabilities increased	4,857. 12. 3	43241. 16. 10
Profit in 1863	£	36572. 9. 3

The great increase in the assets is in the greatly increased Stocks at Cardiff Yard of Finished Iron.

The Stock of Finished Iron in course of delivery and at Works, the Stock of raw material, unfinished iron, Stores, &c. amount

利益が在庫の増加と指摘した手紙

は在庫に過ぎなかったことが明らかになったことである。その間のいきさつについて、経営者に手紙を書いている。比較貸借対照表については、拙著『損益計算の進化』（森山書店）ならびに『会計学の誕生』（岩波新書）で詳しく述べているので、そちらを参照されたい。

なお、こうした史料の収集にあたっては、過ぐる日のカーディフでの二カ月間の滞在の間、大学のゲストハウスの手配から連日の大学への車での送迎、自宅での夕食の招待に国際会議での報告の機会を与えてくれたカーディフ大学のジョン・リチャード・エドワーズの心遣いを忘れることはできない。貴重な多くの史料のコピーも提供してくれた。感謝でいっぱいである。

カーディフ近郊の世界遺産と美しい古城

ウェールズには、古城が数多く点在している。その代表格は、いうまでもなく、カーディフ城であるが、これについてはすでに書いたので、他の魅力あるお城を紹介する。是非訪ねてみたいのが、赤い名城と呼ばれる美しいキャッスル・コッホと濠に囲まれた古城ケーフェリー城である。前

美しさを誇るキャステル・コッホ

者は、第三代カーディフ城主のビュート侯が再建したものといわれている。コッホというのは、ウェールズ語で赤いという意味で、その名の通り柱や壁が赤色で彩色されている。後者のケーフェリー城は、一二六八年にノルマン人によって築かれたといわれている古城である。一七世紀にオリバー・クロムウェル（1599–1658）によって攻撃された時に傾いたといわれている斜塔が今もそのまま残されている。城の前の芝に囲まれた空き地には、大きな石を反動で飛ばす大砲のようなものが置かれている。頑強な門や塀を壊すために使われたのであろう。歴史を感じさせられる。

北ウェールズには、エドワードⅠ世（1239–1307）が築城したカナーヴォン城やイギリスで最も美しいといわれているボーマリス城、一三世紀末に完成したコンウィ城等多くの古城が残されている。城マニアにはこたえられない所

13世紀にノルマン人に建てられたケーフェリー城

である。

また、カーディフのすぐ東にあるニューポートからバスで二〇分ほどの所にブレナヴォンという町がある。そこには、ダウライス製鉄石炭会社と同じく産業革命期に栄えたブレナヴォン製鉄所とビッグ・ピット国立石炭博物館がある。最盛期には、二万人を超える人口を抱えていたブレナヴォン製鉄所は、今は溶鉱炉の後が残っているだけだが、ポンテプール&ブレナヴォン保存鉄道がボランティアで四月から九月の間に運行されている。蒸気機関車に興味のある人は、イングランドの湖水地方にも走っているが、一度訪れてみたい。ウェールズの南東部は、エネルギーと鉄鋼と鉄道といったイギリス産業革命を根底から支える分野で躍動し、原価計算やキャッシュ・フロー計算書や財務諸表、あるいは会計監査を生み出すのに大きな役割を果たしてきた所である。

ダウライス製鉄会社と比較貸借対照表

カーディフから北西に少し行ったところにあるのがダウライスである。今はもう往時の賑わいはまったく止めていないが、一九世紀に世界最大の製鉄会社に登りつめたダウライス製鉄会社がここにあった。今日のキャッシュ・フロー計算書の萌芽である比較貸借対照表が初めて作成されたのがここダウライス製鉄会社であった。繰り返しになるが、工場長が製鉄の高まる需要に応えて、新たに溶鉱炉の建設を計画する。損益計算書や貸借対照表を見る限り、それに対応できるだけの利益が出ていることを確認し、増設計画を決断する。しかし、実際に支払いの段になると、資金がないことに気がつく。「一体、利益は何処に消えたのだ」、「利益とは現金ではなかったのか」。

こうした疑問に応えるために、彼は、過去と現在の二時点の貸借対照表を比較し、資産や負債のどの部分が増減したのかを調べることにした。そのために作成したのが、比較貸借対照表である。その結果、これまでは、財務諸表上の利益とはいつでも自由に使えるお金だとばかり思っていたのが、実は現金ではなく、在庫であることに気がつくことになる。この比較貸借対照表が今日のキャッシュ・フロー計算書を生み出していく。キャッシュ・フロー計算書は、ここダウライスの地で産声を上げることになる。興味のある人は、参考文献に挙げた拙著『損益計算の進化』を参照してもらいたい。

カーディフに行って是非訪れて欲しいのがウェールズ民族博物館である。駅前のセントラル・バスターミナルから西へ二〇、三〇分のところにある。広大な敷地には、一九世紀初めの通行税徴収所や教会、学校に農家といった古い建物が残されている。様々な植物が植えられ、ラズベリーやグランベリーがたわわに濃赤色の実をつけていたのが想い出される。緑に囲まれた公園内をのんびりと散策していると、心まで洗われ、新たな発想も生まれてこようというものである。木々が紅葉に染まる頃の野外博物館は、機会があれば是非ともまた訪れたいところである。

5　コッツウォルズと湖水地方にヨーク鉄道博物館

湊町ブリストルと世界遺産の町バース

　カーディフを後にして、あこがれのコッツウォルズと湖水地方を訪ねることにする。羊がのんびりと草を食《は》む美しい田園風景の中のイギリスをイメージした時、どうしても心に浮かぶのが、イングランド中北部に位置するコッツウォルズと湖水地方である。ロンドンのパディントン駅から列車に乗れば、すぐに窓外に美しい風景が広がる。中学の世界史で習ったエンクロージャー・ムーブメントを思い起こさせる。今の穏やかなイギリスの田園風景とは、もはや無縁なのかも知れない。それとは違った形で、お金による強者の弱者への囲い込み運動が進んでいる。折角の旅なので、そんなことはそっと伏せておいて、美しい窓外を流れ去る景色に身を委ねることにする。

　ただその前に、カーディフを後にしてコッツウォルズに立ち寄る時には、今は大学の町でもあるブリストルにも立ち寄ってみたい。かつては、「ヨーロッパ中の船が集まる港」とまでいわれ、一五・一六世紀には北アメリカとの奴隷貿易を中心にした遠隔地貿易やまた産業革命期にはグレート・ウエスタン鉄道の開通とも相まって、貿易港として大いに栄えることになる。そのブリストルから南東に少し行ったところにバースがある。紀元前一世紀にローマ人によって建てられた世界遺産ローマン・バスやバース・アビーがあるバースにも是非立ち寄ってみたい。産業革命期には上流階級の保養地として栄え、当時の社交場として栄えていたロイヤル・パンプ・ルームは、正常時にはいつも、レストランとして大勢の観光客で賑っている。残念ながらコロナ禍の今は、人出も途絶えていることであろう。

美しいコッツウォルズの家並み

今もなお古きイングランドの美しい田園風景を残し、アガサ・クリスティー（1890-1976）のミス・マープルやポワロにしばしば登場するのがコッツウォルズである。古き良きイギリスの田舎町をゆっくりと歩いてみることにする。ロンドンから西へ二〇〇kmにある大学の町オックスフォードやウィリアム・シェイクスピア（1564-1616）の生家のあるストラット・フォード・アポン・アイヴォンからほど近い所にある。

その中でも最も古いライムストーンといわれる石灰石の美しい家並みが残されている村がカースル・クームである。

英国最古の家並みが残るカースル・クーム

モリスが最も美しいと称えたバイブリーの家並み

ボートン・オン・ザ・ウオーターの街並み

そこから北へ、そして彼のデザインしたカーテンやクッション・カバーや壁紙が多くの日本人にこよなく愛されているウィリアム・モリス（1834－1896）にイングランドで最も美しい町と言わしめたバイブリー、静かに流れるウィンドラッシュ川のほとりのボートン・オン・ザ・ウオーター、オックスフォードの方に少し戻って藁葺き屋根の美しいかつての教会の町ミンスター・ラベルなど、こうしたすべての村々がいかにもコッツウォルズそのものを思い起こさせる風景である。

コッツウォルズと並んで多くの人に愛されているのが、イギリス人の夏の保養地湖水地方である。その美しさについては、リヴァプールの街を歩いた後で、ゆっくりと紹介することにする。

三角貿易の拠点リヴァプールとビートルズ

スペイン継承戦争（1701－1714）で戦費に費やした膨大な資金と宮廷の乱脈によって乱費された莫大な資金を補うために、時のイギリス政府は、多額の公債を発行することになる。膨らみ続ける公債の利息を如何にして調達するか。利息のためにまた公債を発行する。何処かの国の財政に似ているが、これでは決して赤字解消の解決策にはならない。そこで考え出したのが植民地貿易を行う南海会社を設立し、アメリカとの三角貿易の特権を与える。三角貿易とは、イギリス・フランスと西アフリカとアメリカ・西インド諸島資本との三カ所で行う、実質的には奴隷貿易であった。資本の払込金にほとんど無価値に等しくなった公債を充てることにした。ところが、民間の資金を活用するために取られた株式会社の設立を国が挙げて応援する政策の中で、株式投機熱に侵されて、瞬く間に株価は上昇していく。いわゆるバブル状態を引き起こしたのである。しかしバブルは、所詮バブル過ぎず、株式に投資した資金は、南海の泡沫のごとく、はかなく消え去っていくことになる。その時の社会情勢を風刺画として書いたのが、先に載せた本書九〇頁のホゥガースの「南海泡沫」の版画である。

この三角貿易のイギリスの起点になったのがブリストルやリヴァプールである。アイリッシュ海に流れ込むマージー川沿いにリヴァプールのマージーサイド海洋博物館がある。奴隷貿易に関する資料や新世界アメリカに旅立った多くの人の資料も展示されている。すぐ近くのアルバートドック

奴隷貿易の起点リヴァプール港

の隣には、ビートルズ・ショップがあり、いろんなグッズが販売されている。街の中央近くにあるマシュー・ストリートには、ビートルズが演奏したキャヴァーン・クラブやビートルズ・ショップもある。クラブではいつもビートルズの曲が歌われている。ジョン・レノンが住んでいたというペニー・レインやストロベリー・フィールドは、ファンにとってはこたえられない所であろう。もちろん、天才的ともいえる革命的な曲作りで世界に名を馳せたビートルズではあるが、まだ無名の頃には、光の部分だけではなく、薬や酒に溺れた影の部分もあったといわれている。

　ビートルズとは関係がないが、ここリヴァプールの古文書館にも臙脂色の羊皮紙でカバーされた古い帳簿が数多く残されている。またリヴァプールの東南東にあるダービー・シャーのマトロック・バスにある古文書館に

ビートルズゆかりのキャヴァーン・クラブ

は、一八六三年に登記され、翌年に証券取引所に登録されたスティヴリー製鉄石炭株式会社の貴重な史料が保管されている。もしマトロック・バスを訪れる機会があれば、ロープウエイに乗ってハイツ・オブ・エイブラハムに行き、眼下のダーウェント渓谷に広がる景観を一望したい。そこには、産業革命の遂行に一翼を担ったアークライトにより建てられたマッソン・ミルやクロムフォード・ミルの紡績工場が広がっている。

湖水地方の緑に包まれた風景

ワーズワースが学んだグラマー・スクール

イングランド中央部には、コッツウォルズと同様、多くの観光客が訪れる夏の避暑地湖水地方がある。ウィンダミア湖を囲んで美しい村が点在している。湖の南端には、レイクサイド・ハバースウェイト鉄道があり、蒸気機関車がボランティアを中心に今も煙をはいて走っている。ウィンダミア湖の北方西側エスウエイトの北端にホークスヘッドという小さな村がある。ここにホークスヘッド・グラマー・スクールがあるが、ロマン派を代表するイギリスの詩人ウィリアム・ワーズワース（1770-1850）が通った学校である。一階の教

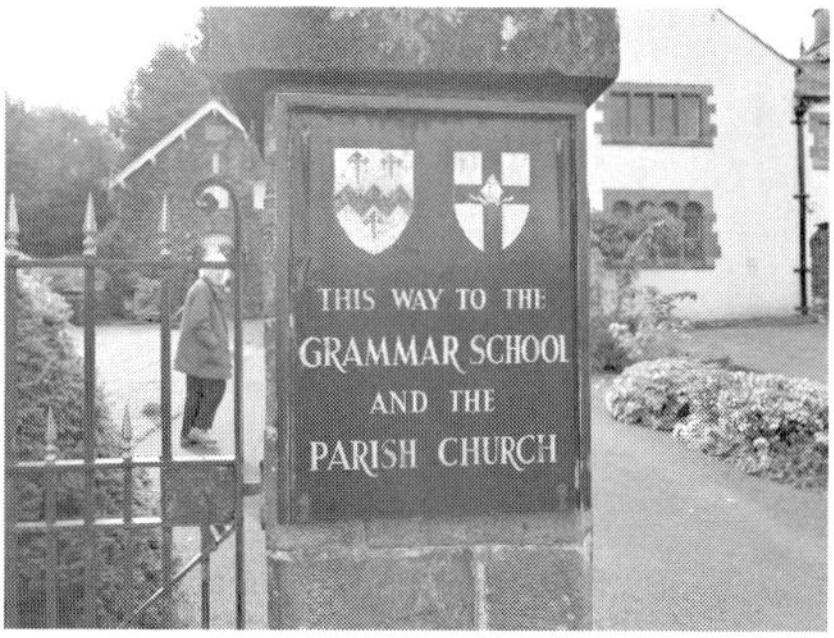

ホークスヘッド・グラマー・スクールの入口

室には、彼と弟のジョンが彫った落書きが残っている。

当時のグラマー・スクールは、単に哲学やラテン語といった古典を教えるだけではなく、最先端の科学や商業数学、あるいは簿記といった実学も教えていた。スコットランドにあるエアー・グラマー・スクールでは、一八世紀を代表する簿記書の著者であるジョン・メイアー（1702 or 1703-1769）やロバート・ハミルトン（1743-1829）が校長に就任し、簿記を教えている。メイアーは、一時スコットランドの首都が置かれていたパースのパース・アカデミーでも校長を務め、そこでも簿記論を教えている。当時の実業家にとっては、簿記や商業数学を学ぶことは、教養人として哲学や芸術を習得するのと同様、極めて重要な知識だったのであろう。彼らは、後継者の息子をこぞってアカデミー（非国教徒専門学校）やグラマー・スクールに入学させ、実学を身につけさせている。

湖水地方とストーン・サークル

ランカスターには古くからの友人ロジャー・メイスがいた。四〇年来の付き合いである。残念ながら今はもう帰らぬ人となってしまった。ランカスター大学の教職を退職後、ランカスターの市長に選出された。ブレグジットに際しては、大変に心を痛め、彼からの多くのメールがその時の彼の切々たる心情を伝えている。「イズミ、ブレグジットをどう思う」と。

イギリスを訪れるたびに、彼の家に三日、四日と滞在し、その度に湖水地方を隅から隅まで案内してくれた。ピーター・ラビットの作者ビアトリクス・ポターが七七歳まで住んでいた家がウィンダミア湖中央の西側にあるヒル・トップに残されている。

奴隷貿易の痕跡が残されているランカスターの港にも、連れて行ってくれた。彼の一番のお気に入りは、キャッスルリッグ・ストーンサークルと詩人ワーズ・ワーズワース（1770-1850）に謳わ

ケジックのキャッスルリッグ・ストーンサークル

湖水地方北部のケジックの時計塔

れたケジックの街並みであった。恐らくストーン・サークルは、古代の何らかの宗教的な祭事で用いられていたのであろう。家族全員で日本に来たときには、金閣寺や銀閣寺、大阪城を一緒したのが懐かしい。イギリスには蝉がいないため、大坂城公園でのすさまじいクマゼミの鳴き声に驚き、文楽を見て大いに感動したのが昨日のように思い出される。コロナのため、葬儀の参加はもとより、まだお墓に花を手向けることすらできていない。残された家族に想いを寄せると、口惜しい限りである。

産業革命を支えた蒸気機関車の博物館

ロンドンのキングス・クロス駅からフライング・スコッツマンで約二時間、ヨーク到着である。一世紀頃にローマ人によって築かれた城壁に囲まれた町である。最大の見どころは、一三世紀の初めから二五〇年もの期間をかけて建設され一四七二年に完成したイギリス最大のゴチック建築、ヨーク・ミンスターである。高さ七二mといわれるセントラル・タワーからは、ヨーク市内が一望できる。ケルンの大聖堂と並ぶ北ヨーロッパ最大級の教会である。ヨーク・

イギリス最大のゴチック建築ヨーク・ミンスター

中世の香りが今も伝わるヨークの街並み

ヨーク鉄道博物館のロケット号のレプリカ

ミンスターから歩いてすぐのところに、中世に迷い込んだような古い石畳のシャンブルズ通りがある。二階が道路に突き出した独特のつくりである。中世には、この突き出したところに肉を吊り下げていた名残だという。まさしく、ハリー・ポッターの世界である。

シャンブルズ通りを少し南に行くと、一四世紀に活躍した貿易商人のマーチャント・アドベンチャラーズのホールがある。このギルド・ホールは、ヨークにおける海外貿易の拠点で、先に述べたブルージュ全盛の頃にイギリスの羊毛をブルージュに運んだ商人たちの拠点になっていた所でもあった。

ヨークでどうしても見ておきたいところが、国立鉄道博物館である。鉄道オタクにはこたえられないところである。スティーヴンソンのロケット号のレプリカを始め、一九世紀初めに世界を駆け巡ったイギリスの蒸気機関車、とりわけ時速二二〇㎞の世界最速を記録したマラード号から日本の新幹線に至る新しい列車までもが一堂に展示されている。

簿記を会計学へと進化させたのは、イギリスの産業革命期である。その原動力になったのがこれまでの馬や運河に代わる蒸気の力であり、木材に代わる石炭であった。同時に、馬車に代わって大量輸送を可能にした蒸気機関車であった。この高額な蒸気機関車や蒸気を原動力にする大型の織機や溶鉱炉といった生産設備の登場が厳密な損益計算の必要性を認識させ、減価償却という考え方を生みだし、原価計算にもとづく発生主義会計をより充実した損益計算システムとして進化させてくことになる。

振り返れば、地球温暖化の最大の敵、化石燃料を山ほど費消していた時代である。

6　北方のアテネエディンバラと産業都市グラスゴー

北方のアテネ、エディンバラ

ヨークを後にして北方のアテネ、エディンバラに向かう。ヨークから列車に乗って二時間三〇分程でウェーヴァリー駅に到着する。駅のすぐ西にウェスト・プリンセス・ストリート・ガーデンがあり、そこにスコットランドを代表する詩人であり小説家のサー・ウォルター・スコット（1771-1832）を称えたスコット記念塔がある。エディンバラ城を静かに見守っている。市内を一巡する観光バスは、このウェーヴァリー橋のプリンセス通りから出ている。グラスゴーに向けて延びるレールを挟んだ山手南側がエディンバラ城のある旧市街地で、北側が一七〇七年の英蘇合併以降に徐々に開発されたモダンな店が立ち並ぶ新市街地である。スコットランドの独立は、一度は否定されたが、近年またその動きが出てきているという。

新市街地のプリンセス・ストリートとノース・ブリッジ通り、それにリース・ストリートの三つの通りがぶつかるところにレジスター・ハウス（記録保管所）がある。新市街のプリンセス・ストリートの一つ北側にジョージ・ストリートがあり、その西端にシャーロット・スクエアーがある。このスクエアーの西側の道路を挟んだところにウェスト・レジスター・ハウス（西記録保管所）がある。ここにはキャロン・カンパニーの膨大な資料が保管されている。一生かけても分析しきれないほどの量である。このキャロン・カンパニーの帳簿の中にも後で述べる貸借対照表の萌芽と位置づけることができるグラスゴーの毛織物商フィンレイ商会の残高帳と同じ名前の帳簿バランス・ブックが残存している。ＬＳＥのＲ・Ｈ・マクベがこのキャロン・カンパニーの残高帳を分析し、その成果を発表している。しかし、彼は、キャロン・カンパニーの残高帳を貸借対照表の前身と見なすには無理があると結論づけている。

ＩＣＡＳと『スンマ』発刊五〇〇年記念の国際セミナー

新市街地のクイーン・ストリートに面したところに旧スコットランド勅許会計士協会（ＩＣＡＳ）の事務所があった。今は、グラスゴーに向かう次のハイマーケット駅に移転している。ここには、一六世紀から二〇世紀に至る貴重なイギリスで出版された古典簿記書が多数保管されていた。初めて訪れたのは、一八八〇年のことである。ＩＣＡＳのアーキヴィスのアンナ・ダンロップに会ったのは、この時が最初である。その際、『会計史文献』（Mansell, 1975）の前身になったＪ・プライス＝ジョーンズ編Ｒ・Ｈ・パーカー注釈の『スコットランドの会計―歴史的文献』をお土産にと頂いた。それ以降エディンバラを訪れるたびに、エディンバラの各地を彼女の愛車ローバー・ミニで案内してもらった。また、一九九四年三月三日・四日と二日間に渡り、パチョーリ『スンマ』発刊五〇〇年を記念して、ＩＣＡＳの支援の下で、「パチョーリ・セミナー」がエディンバラで開催された。

この記念セミナーにアジアから招待されたのは、私達だけであったが、恐らく女史の推薦があったからであろう。二日目に行われた盛大なレセプションは、エディンバラ近郊のお城を貸し切って、午後七時頃から延々と真夜中の一二時を過ぎるまでバグパイプの演奏と共に様々な催しが行われた。席は、メイン・テーブルにアメリカ会計学会会長の隣席が用意されていた。伝統と格式を持ったイギリスならではのパチョーリ記念祭に参加できたのは、いつまでも心に残る大きな想い出である。

悲しいかな、彼女は、この国際会議の開催少し前に帰らぬ人となった。訪蘇前に手紙で約束していた彼女のフラットでの久しぶりの紅茶とビスケットによる談笑は、叶わなかった。

古典簿記書は、今は旧市街地のジョージ四世橋通りに面した国立図書館に移転されている。ここには、イギリス人のジョン・ウェディントンによって一五六七年にアントウェルペンで英語出版された貴重な簿記書『簡単な教授法』も所蔵されている。この本は、特殊仕訳帳制度を説明した萌芽的な簿記書である。

エディンバラの国立図書館正面入口

ウェディントンの簿記書のタイトルページ

エディンバラの旧市街

ウェーヴァリー橋を渡り、坂道を少し上り旧市街地のハイ・ストリートを左に折れて真っすぐ進

スミスの眠るキャノン・ゲート教会

むと左手に一六世紀の宗教改革者ジョン・ノックスの家がある。そこを更にまっすぐ進むと左手にキャノン・ゲート教会が見えてくる。ここに晩年をエディンバラで過ごしたアダム・スミス（1723‐1790）の墓がある。北方のアテネといわれる文化の地で静かに眠っている。

スミスは、エディンバラの北東にあるカーコーディに生まれ、彼が通っていた中学校は今も残されている。国富論で展開した分業の考えの原点になった鍛冶屋やその横の少路を抜けて海岸で遊んだ浜辺も往時の姿をそのまま留めている。グラスゴー大学に進み、卒業後にエディンバラ大学で講義を担当した後、一七五一年にはグラスゴー大学の教授に就任している。その後グラスゴー大学を退職し、三年間のフランス、スイスでの遊学を経て、かの『国富論』を出版するのが一七七六年である。アメリカ独立戦争（1775‐1783）が

スミス『国富論』第1巻（1776）

旧市街に立つアダム・スミスの像

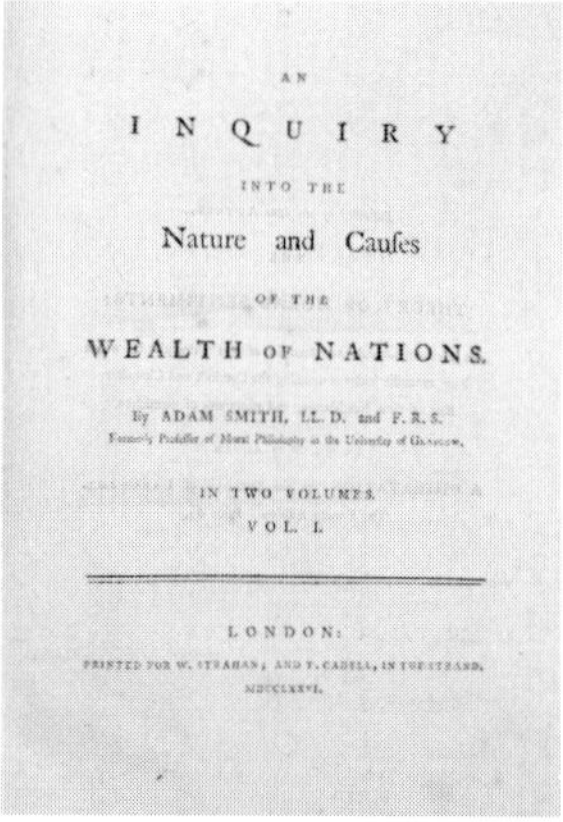
AN
INQUIRY
INTO THE
Nature and Caufes
OF THE
WEALTH OF NATIONS.

By ADAM SMITH, LL.D. and F.R.S.
Formerly Professor of Moral Philosophy in the University of Glasgow.

IN TWO VOLUMES.
VOL. I.

LONDON:
PRINTED FOR W. STRAHAN; AND T. CADELL, IN THE STRAND.
MDCCLXXVI.

スミス『国富論』第１巻

旧市街に建つセント・ジャイルズ大聖堂

始まった翌年、アメリカ独立宣言が大陸会議で決議された年である。一八世紀を代表する簿記書の一冊『商業入門』がハミルトンの手によって著わされたのが翌年の一七七七年である。

エディンバラの旧市街地の中心に聳え立つセント・ジャイルズ大聖堂のすぐ隣に、スミスの像が立っている。このロイヤル・マイル通りには、西のエディンバラ城を起点に、魅惑的な店が立ち並び多くの観光客を楽しませてくれる。ジョージⅣ世ブ

6世紀に城砦が築かれたエディンバラ城

ボビーズ・バーの前に座す忠犬ボビー像

リッジ通りを南に行ったところにスコットランド博物館があり、そのすぐ近くにイギリス版忠犬ハチ公のボビーの像が今も主人の帰りを待ち続けている。

スミスが問い掛けたように、今日、アメリカの民主主義と自由が、大統領選挙を巡って問われてきた。自由と暴力、民主主義とポピュリズム、フリードマンとケインジアン、失業に貧富の差、富の一極集中等々、世界を混乱に落し入れているコロナ禍で、人間の思考や行動や生き方そのものに根源的な問いが投げかけられている。さて、人は、どこに向いて歩いて行くのか。そんな状況下で、利益の追求ばかりを追い求めてきた会計学は、ＳＤＧｓに向けて、一体何ができるのか。何をしなければならないのか。科学としての存在意義が問われている。真の幸せとは……。

グラスゴー大学とフィンレイ商会

エディンバラのウェーヴァリー駅から一時間ほどでグラスゴーのクイーン・ストリート駅に着く。ロンドンからだとユーストン駅からセントラル駅まで五時間三〇分ほどの長旅になる。もちろん、飛行機という手もあるが、折角なのでゆっくりと列車の旅を満喫したい。窓外を流れる石で囲まれた牧草地と羊の群れは、一六世紀と一八世紀の二度にわたって行われた、トマス・モア（1478-1535）の『ユートピア』（1516）で書かれた「羊が人間を食べる」という囲い込み運動を思い起こさせるのに十分な景色である。

ユーストン駅からの出発であれば、先に述べたリヴァプールや湖水地方に寄り道していくのを勧めたい。キングス・クロス駅からでは、これもまた先に述べたヨークやニューキャッスルに立ち寄るのが良いかも知れない。クイーン・ストリート駅前の広場では、ジェームズ・ワット（1736-1819）の銅像がわれわれを迎えてくれる。イギリス産業革命にワットが与えた影響には、計り知れないものがある。

ジェームズ・ワットの像

クイーン・ストリート駅に着くと、隣接のブキャナン駅から地下鉄に乗ってヒルヘッド駅で降り、少

明治初期に日本人が留学したグラスゴー大学

し南東の方に戻るとグラスゴー大学がある。グラスゴー大学の中には、正門のあるユニバーシティ通りを挟んで北側校地の入口すぐ近くにハンタリアン美術館がありその中にマッキントッシュ・ハウスと呼ばれるギャラリーがある。チャールズ・レニー・マッキントッシュ（1868－1928）は、アール・ヌーヴォーの提唱者であり、建築家でもあり、デザイナー、画家でもあった。アーツ・クラフト運動を積極的に展開したのはよく知られている。

ビジネス・レコード・センターとマッキントッシュのティー・ルーム

セントラル駅近くのソーキーホール通りにある人気のティー・ハウス、ウイロー・ティールームは、彼の設計によるもので、店内はまさにマッキントッシュがデザインした壁紙や調度品でいっぱいである。このティールームの隣がグラウゴーのサッカー・チーム「セルテック」のグッズを売っている店である。一時、中村俊介が在籍し活躍していたこともあったためか、日本のサッカーには比較的好意的である。一八四五年に設立された美術学校も彼が二七歳の時にデザインしたことで知

マッキントッシュのティー・ショップ

グラスゴー大学古文書館の入口

られている。
グラスゴー大学の南のダンボートン道路を西に、バイレス道路を少し南東に行ったサーソー通りに大学の古文書館・ビジネス・レコード・センターがある。このレコード・センターには、一年間ロンドンに滞在中一週間ほどの調査を四度ほど繰り返したが、その都度宿泊所を提供してくれたのが、今はすでに退職したアーキヴィストのアルマ・トーペンだった。史料に書かれた判読困難な手書きのサインや文章を当時高校の教師であったご主人のデニスと共に、夕食後遅くなるまで教えてくれた時のことが今も懐かしく想い出される。
その後もグラスゴーを訪れるたびに、三日、四日と留めてもらい、史料の収集と判読の手助けはもとより、市内の名所をくまなく案内してくれた。フィンレイ商会の残高帳を近代的な貸借対照表の萌芽と位置づけることができたのは、アルマ夫妻の助力があったからであり、感謝に堪えない限りである。史料を集めて家に帰るといつも玄関で猫が迎えてくれていたのを想い出す。悲しいかなデニスは、交通事故で帰らぬ人になった。今でもクリスマスになると、毎年マッキントッシュにまつわるマグカップや写真立てといった多くのプレゼントと共に素敵なカードを送ってくれる。今年はどんなものが入っているか、一二月が近づくと、いつも心が騒ぎ出す。

フィンレイ商会の残高帳

このビジネス・センターには多くの史料が残存し、貸借対照表の萌芽であるフィンレイ商会の残高帳《バランス・ブック》もここに保管されている。この残高帳は、一七九〇年以降の決算残高勘定だけが一冊の帳簿に集められている従来のイタリア式簿記には見られない独自の帳簿である。残高勘定には、借方（左側）に資産、貸方（右側）に負債と純資産が記帳され、利益は表示されない。しかし、この残高帳の決算残高勘定には利益が表示され、しかもこの利益に誤りがないこと証明するために、記帳責任者や経営トップのサインが記帳されている。なぜなら、この帳簿

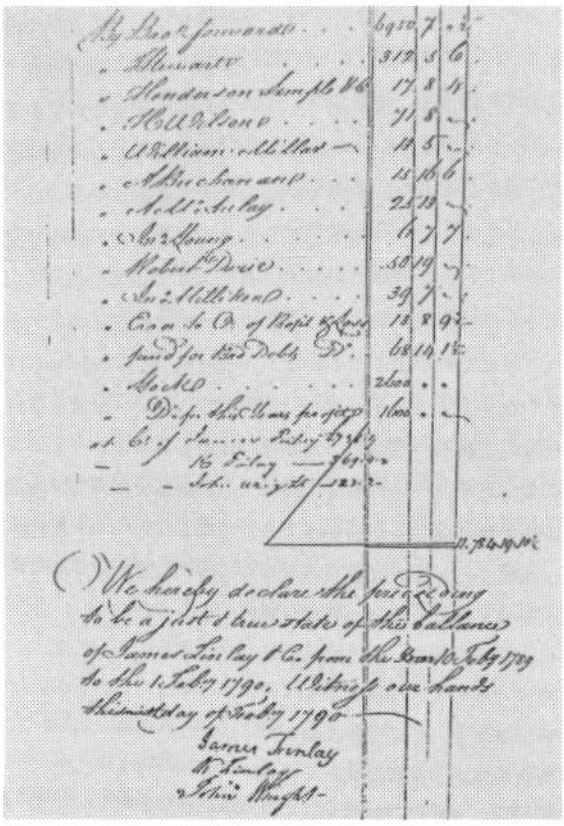

フィンレイ商会の残高帳

グラスゴー：ケルヴィングローヴ美術・博物館

を株主に開示するためには、残高帳に示された利益に間違いがないことを証明する必要であったからである。残高帳に示された利益が正しいという信頼を勝ち取るために経営トップや記帳責任者のサインを記載したのである。その意味で、この残高帳が株主への開示目的に作成された貸借対照表と同じ役割を果たし、それによって信頼性を勝ち取り、投資を促すために作成されていたことが窺える。

　大学の近くにあるケルヴィングローヴ美術・博物館は、イギリスでは大英博物館に次ぐコレクションを誇っている。古代エジプトの品々や中世イタリアのボッティチェッリから印象派のゴッホ、新しいところではダリやマッキントッシュの作品が展示されている。

第４話：管理会計の登場

イギリスからアメリカへ

1　ボストン茶事件とアメリカの独立

アメリカ独立戦争の勃発

アメリカ独立戦争（1775－1783）は、一七七三年に発布された加税のための茶条例に反発して、ボストン湾に停泊していたティー満載のイギリス船を襲撃し、「ボストン湾をティー・ポットに」を合言葉に、すべてのティーを海に投げ捨てたボストン茶会事件（1773）が引き金になった。

イギリス東インド会社は、大量のティーをアメリカに輸出することを決めるが、それに課せられる高い関税をめぐって、イギリスとの取引に対する拒否反応が高まり、ついにアメリカ大陸会議は、イギリス商品のボイコットを決議し、独立戦争へと突き進んでいくことになる。その間、第三代大統領に就任するトマス・ジェファーソン（1743－1826）の起草によって一七七六年にアメリカ独立宣言が公布される。奇しくも、経済学の父と呼ばれるアダム・スミスが『国富論』を上梓したのと同じ年である。

その昔、独立宣言の一五〇年近くも前に、清教徒の一団は、エリザベスI世（在位：1558－1603）の後を次いで国王の座についたイギリス王ジェームズI世（在位：1603－1625）による弾圧を恐れ、一六二〇年にコーンウォールのプリマス港から現在のマサチューセッツ州のプリマス湾の小都市に母国と同名を付したプリマスを建設する。同じく清教徒ではあったが、この宗派とは異なるグループもまた一六三〇年に上陸し、ボストンを建築する。いずれの町もピルグリム・ファーザーズ（巡礼始祖）と呼ばれる清教徒の一団によって築かれた。

世界都市ボストン

ボストンのそもそもの始まりは、ヘンリーⅧ世（在位：1509－1547）が妻との離婚を巡ってローマ教皇から破門されたことにあった。そのため、宗教改革に取り組み新たにイギリス国教会を樹立し、ピューリタンも含む非国教徒を排斥したことから始まったといえる。現在、ボストンは、マサチューセッツ州の州都であると同時にまさにニューヨークと並ぶ世界的な大都市である。アメリカが世界に誇るハーバード大学やマサチューセッツ工科大学（ＭＩＴ）を有する、オクスフォードやケンブリッジと並び、世界でも名だたる大学都市である。イギリスのプリマス港からここ新天地アメリカを目指したため、アメリカには、プリマスと名のつく町が数多くある。アメリカ合衆国の中で、ヨーロッパ人によって拓かれた最も古い町は、一五六五年のフロリダ州のセント・オーガスティンであるが、いうまでもなくボストンもイギリスの香りを今も伝える数少ない古い町の一つである。何よりもボストンの魅力は、アメリカ独立の舞台になった都市だということである。新天地アメリカに渡った清教徒たちは、このボストンの地をニューイングランドと呼んだ。

アメリカへの植民が本格的に開始するのは、大航海時代に羅針盤が発明され、コロンブスの新大陸の発見以降、大西洋を渡って多くの開拓者がアメリカへと渡ってくる一六世紀後半になってからのことである。

世界の覇権の推移

当初イギリスは、フランス、スペイン、オランダの後塵を拝していたが、長きにわたるオランダ独立戦争（1568–1648）やアマルダの海戦でスペインの無敵艦隊を撃破（1588）し、スペインを世界の舞台から引きずり下ろし、変わって力を持つに至るオランダとも三次に渡る戦争（1652–1654, 1665–1667, 1672–1674）によって、徐々に世界の覇権を手にしていく。それに伴い、イギリスは、フランスとの戦いも一四世紀から一五世紀にかけての百年戦争に始まり一七世紀から一八世紀にかけて、重商主義政策のぶつかり合いから、ルイ一四世（在位：1643–1715）とは、ファルツへの侵略戦争（1688–1697）、スペイン継承戦争（1701–1714）、オーストリア継承戦争（1740–1748）、七年戦争（1754–1763）とことごとく対立するが、トラファルガーの海戦（1805）で自らも戦死したホレーショ・ネルソン提督（1758–1805）がナポレオン・ボナパルト（1769–1821）の率いるフランス軍を打ち破り、一気に世界の覇者への階段を登りつめて行くことになる。その功績を称え、ナショナル・ギャラリーの前のトラファルガー広場にネルソン提督の記念像が天高くそびえ立っている。最

トラファルガー広場のネルソン像

終的には一八一五年のワーテルローの闘いでナポレオンは破れ、産業革命を成し遂げたイギリスが世界の覇者として君臨することになる。

少し時代が飛んだが、話しを戻すことにする。

一七世紀から一八世紀にかけ、重商主義政策にもとづく植民地獲得競争にますます拍車がかかり、新天地アメリカへの進出は、まさに各国との覇権争いの中心になる。当初は、フランス軍が優位に展開していたが、七年戦争後は、イギリスがフランス勢力を一掃し、北はハドソン湾地域から南はフロリダまでの東半分の地域がイギリスの領土となる。

独立戦争の契機となる相次ぐ増税

しかし、今度は、拡大した領土を如何にして維持していくかという難題を抱えることになる。そのため、植民地を統治していくための費用の一部を植民地に負担させるため、アメリカ歳入法（砂糖法：1764）を成立させ、外国産の精白糖だけではなくキャリコ、リネン、絹、ワインといった日用的な商品にも関税を課し、さらに印紙法（1765）等を制定して課税を強化していく。この印紙税は、貿易を規制するための外部課税ではなく、アメリカ国内での歳入を増やすための内部課税であったため、こうした重税に植民地からは抗議の声が高まり、不買運動さえもが呼び掛けられた。その結果、一七六五年には印紙法に反対の決議が植民地の代表者によって採択され、翌年に廃止されることになる。

タウンゼント法とボストン茶会事件

さらにイギリス本国と植民地の関係をこじらせたのが、時のイギリス蔵相タウンゼントが一七六七年に提案した植民地に対する規制法である。そこでは、植民地の立法権の停止、ガラス・鉛・ペンキ・紙・茶の輸入課税、イギリス直属の税関局をボストンに設置するといった法律を次々に制定させていく。このタウンゼント諸法に反対する運動が直ちに結成される。こうした状況下で、一七七〇年には反対するボストン市民とイギリス兵が衝突し、三人の市民に犠牲者が出る。そのため、政府は、この法律の撤廃を余儀なくされることになる。それにもかかわらず、イギリス政府は、東インド会社が抱える多くの茶の在庫の処理を助けるために、新しい茶法を制定し、植民地支配を強化していく。

結果的には、この茶法によって密輸茶やオランダからの輸入茶よりも安価に茶を手にすることができたが、イギリスの課税権が確立することを恐れた植民地の人々は、一七七三年一二月、「ボストン湾をティー・ポットに」を合言葉に、ボストン湾に停泊している東インド会社の船を襲撃し、全ての茶箱をボストン湾に投げ捨てた。これがボストン茶会事件である。こうして、これをきっかけにアメリカは、独立にむけて大きく舵を切っていくことになる。アメリカ独立戦争（1775－1783）の勃発である。時代は容赦なく変貌していく。

ボストン茶会事件を記念して、ボストン湾から流れ込むフォートポイント水路に架かるコングレス・ストリート橋の上にボストン茶会事件の博物館がある。一度焼失したが再建され、その時の帆船ビーバーⅡ世号とエレノアⅡ世号のレプリカが博物館と共に再現されている。ボストンを訪れる機会があれば、是非とも足を運びたいところである。そこには、まさしくアメリカの原点がある。そこから北に向かって歩いて行くと、ウォーター・フロントに出る。そのすぐ隣にコロンブス公園があり、そこにはアメリカ新大陸発見（1492）のクリストファー・コロンブス（1451－1506）の像が立っている。『スンマ』出版二年前のことである。

火災に会う前のボストン茶会事件博物館

ハーバード大学とＭＩＴ

地下鉄レッドラインのハーバード駅で降りるとそこが一六三六年に創立されたアメリカ最古で最高のハーバード大

学である。キャンパスにはレストランやショップもあり、大学内のツアーまでもがある。敷地内にはハーバード大学美術館があり、ルノアール、モネ、マネにドガ、さらにゴッホやピカソまで展示され、大いに堪能させてくれる美術館である。さらに自然史博物館も見逃せないところである。同じくレッドラインを少し中央に戻ったＭＩＴ駅で降りると、そこが現代社会を支えているハイテクの最新技術をリードするマサチューセッツ工科大学（ＭＩＴ）である。理科系の人にはまさしく知の殿堂であり、今日では、世界ランク一位の大学である。

その他にも、ジョン・Ｆ・ケネディの生家やアメリカ最初の植物園、エンターテイメントの殿堂であるボストン・シンフォニー・ホールといった訪れたい場所が数多くあるが、中でもどうしても足を運びたいのがボストン美術館である。この世界でもトップクラスで、イギリスのナショナル・ギャラリー、あるいはフランスのルーブルやイタリアのウフィツィ美術館にも匹敵しようという見過ごすことのできない所である。所蔵品は、八部門に分かれ、五〇万点を超える数が収蔵されているという。古代エジプトやギリシャ・ローマから印象派に現代美術までの幅広い作品が収集されている。とりわけ、北斎や広重といった浮世絵から、光琳や永徳といった日本美術の国宝級のコレクションには思わず息を飲み込むほどである。

イギリス会計史を主に専攻してきた著者は、アメリカ本土への訪問は、僅か二〇日程の一度きりしかなかった。しかもその一度の訪問も、ニューヨークに到着後、ボストンを皮切りにグリーンスボロ、ラーレイ、サクラメン、シカゴからサンフランシスコ、ロスアンゼルスを駆け足で回っただけであった。そのため、写真もあまり手元には残っておらず、しかも一部のデータを間違って消去してしまったこともあり、残念ながら掲載すべき写真が少なくなってしまった。本話が文書中心の説明に終わってしまい、アメリカの都市を目でゆっくりと散歩することができず、本書のタイトルからすればいささか消化不良になってしまったことをお詫びしなければならない。

2　王党派ブースの財産没収とイギリスへの強制送還

一八世紀イギリスにおける実用化の流れ

アメリカ独立戦争に際して、イギリス王党派《ロイアリスト》として独立運動の抑圧に加わったイギリス人ベンジャミン・ブース（?－1807）は、ロンドンのマーチャント・ハウスのニューヨーク在住の代理人として、アメリカに派遣された商人であった。その後、一七七〇年にはニューヨーク商業会議所の会員に選出されている。

ボストン茶会事件を皮切りにアメリカが独立を達成すると、ブースは、反独立運動に積極的に加わっていったため、その責任を問われてすべての財産を没収される。無一文になった彼は、一七七九年一一月にニューヨーク商業会議所の委員を辞任し、夢破れてロンドンに立ち帰ることに

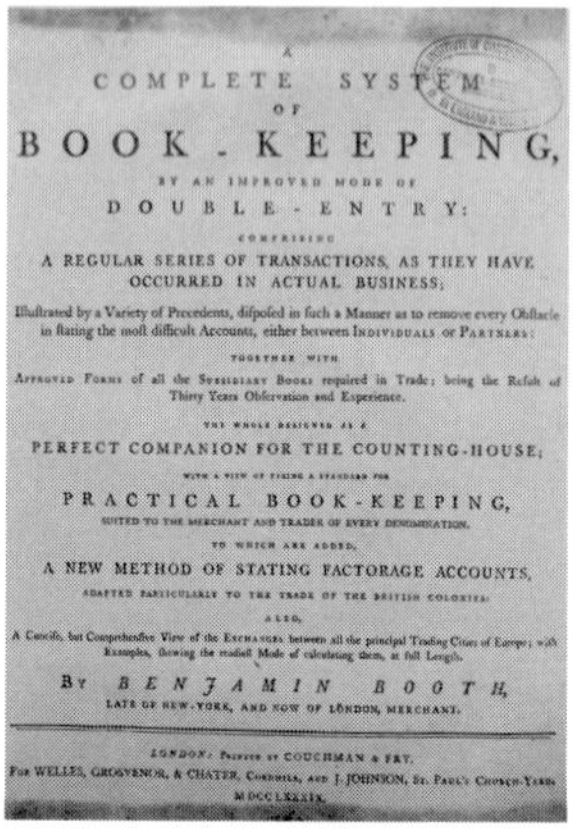
A
COMPLETE SYSTEM
OF
BOOK-KEEPING,
BY AN IMPROVED MODE OF
DOUBLE-ENTRY:
COMPRISING
A REGULAR SERIES OF TRANSACTIONS, AS THEY HAVE OCCURRED IN ACTUAL BUSINESS;
Illuftrated by a Variety of Precedents, difpofed in fuch a Manner as to remove every Obftacle in ftating the moft difficult Accounts, either between INDIVIDUALS OF PARTNERS:
TOGETHER WITH
APPROVED FORMS of all the SUBSIDIARY BOOKS required in Trade; being the Refult of Thirty Years Obfervation and Experience.
THE WHOLE DESIGNED AS A
PERFECT COMPANION FOR THE COUNTING-HOUSE;
WITH A VIEW OF FIXING A STANDARD FOR
PRACTICAL BOOK-KEEPING,
SUITED TO THE MERCHANT AND TRADER OF EVERY DENOMINATION.
TO WHICH ARE ADDED,
A NEW METHOD OF STATING FACTORAGE ACCOUNTS,
ADAPTED PARTICULARLY TO THE TRADE OF THE BRITISH COLONIES:
ALSO,
A Concife, but Comprehenfive View of the EXCHANGES between all the principal Trading Cities of Europe; with Examples, fhewing the readieft Mode of calculating them, at full Length.
BY BENJAMIN BOOTH,
LATE OF NEW-YORK, AND NOW OF LONDON, MERCHANT.
LONDON: PRINTED BY COUCHMAN & FRY.
FOR WELLES, GROSVENOR, & CHATER, CORNHILL, AND J. JOHNSON, ST. PAUL'S CHURCH-YARD.
MDCCLXXXIX.

ブース『完全簿記体系』1789

なる。帰国後は、一人で活動していたが、わずか三年後の一七八二年に破産し、一七八四年には東インド会社支配人の職も辞している。帰国後の生活は、かなり厳しかったようである。そうした中、彼は、アメリカとの海外貿易の実務経験を生かして『完全簿記体系』(1789)をロンドンで出版する。帰国後一〇年が経った時のことである。

一八世紀を迎えると、すぐ後で述べるが、当時の商人たちは、複式簿記の記帳の原理原則を説いた教科書ではなく、実務に直接適用できる実用簿記書の出版を期待するようになる。とりわけ、十八世紀の後半には、複雑な取引を複式簿記で記帳する大規模な海外貿易に従事する企業家には、日記帳、仕訳帳、元帳に何冊かの補助簿を使った程度の単純な帳簿システムでは、当然のことながら、対応しきれなくなる。他方、小規模な小売商にとっては、イタリア式複式簿記による記帳が、複雑で難解であったため、多忙な日常業務の中で複式簿記によって取引を正確に記録しておくことは、極めて困難であったものと思われる。そのため、より簡便な記帳法の改良への要望が強くなってきた。こうした要求に対して、複式簿記の実用化の流れは、一八世紀に入り、一方ではより簡便に、他方ではより複雑に、という相反する二つの流れを生みだしてくる。時代的には、簡便化の方向が先に、複雑化の方向が後から出てくる。簡便化の流れは、すぐ後で述べるデフォーの複式簿記に代わる簡易記帳法として、複雑化の流れは、ブースの実用簿記法として登場してくる。

複雑な実務に対応するブースの狙い

ブースは、恐らく当初では、当時のアカデミーやグラマー・スクールで教科書として用いられていたジョン・メイヤー（1702 or 03－1769）の『組織的簿記』（1736）や『現代簿記』（1773）といった当時の代表的な簿記書で学習し、その方式で自らの取引を記録しようとしたものと思われる。しかし、こうした複式簿記の基本原理を説く簿記書では、複雑な海外貿易の取引実務には適応できず、恐らくブースは、頭を抱えたものと思われる。この点に関して、彼は、「驚いたことには、これまでの多くの簿記書には、大規模な企業の実務に対応できるものは、ほとんど見出すことができない。その著者たちは、簿記の解説をする能力が欠けているか、あるいは現実に彼らの理論を実務に適用させる機会を持ち合わせなかった人たちによって著わされたものに過ぎない」のではないかと痛烈な批判を浴びせている。

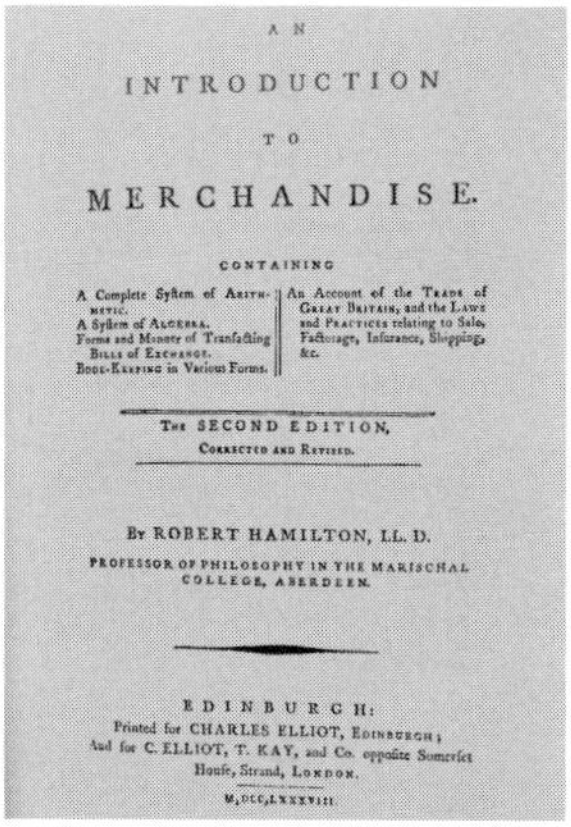
AN
INTRODUCTION
TO
MERCHANDISE.
CONTAINING
A Complete System of Arithmetic. A System of Algebra. Forms and Manner of Transacting Bills of Exchange. Book-Keeping in Various Forms.
An Account of the Trade of Great Britain, and the Laws and Practices relating to Sale, Factorage, Insurance, Shipping, &c.
THE SECOND EDITION, Corrected and Revised.
By ROBERT HAMILTON, LL. D.
PROFESSOR OF PHILOSOPHY IN THE MARISCHAL COLLEGE, ABERDEEN.
EDINBURGH:
Printed for CHARLES ELLIOT, Edinburgh;
And for C. ELLIOT, T. KAY, and Co. opposite Somerset House, Strand, London.
M,DCC,LXXXVIII.

ハミルトン『商業入門』第２版

こうした状況をすでに事前に意識していたのか、メイアーの少し後に出るロバート・ハミルトンは、その著『商業入門』（1777）において、すぐ後で詳しく述べるが、すでに半世紀前に出版されていたデフォーやハットンによる実用化の流れを取り入れて、教科書と実務書の両者を意識した簿記書を出版している。すなわち、簿記に関する章を二部に分け、第Ⅳ部で「イタリア式簿記」、第Ⅴ部で「実用簿記」について記述している。ただ、ハミルトンの場合は、同じく実用化を志向していたものの、より分かり易くという簡便化を意図したため、ブースとは、異なる方向に駒を進めたと言えよう。

ブースの最大のねらいは、教室や机上で説く複式簿記の基本原理や記帳法則ではなく、複雑な実務にも直接適応できる実用簿記である。彼は、自らがロンドンのマーチャント・ハウスのニューヨーク在住の代理人であったときの経験を生かし、単に原理原則を説く解説書ではなく、複雑な海外取引の実務にも直接役立つ実用簿記書の必要性を痛感していたものと思われる。

丁度われわれが卒業し就職先で経理課に配属され、日々の取引を記録し決算書を作成しようとした時、大学の講義で教わった簿記を知っているだけでは、ほとんど役に立たない経験をした人も多いのではなかろうか。それと同じ感覚をブースも持っていたものと思われる。もちろん、簿記や会計の基本原理を理解することが重要なのはいうまでもないが、原理の理解と実務への適用は、分けて考える必要がある。

複雑になり過ぎたブースの簿記法

　少し専門的になるが、ブースの簿記書の特徴を具体的に見ていくと、次のようになっている。イタリア式複式簿記の体系は、［日記帳→仕訳帳→元帳］という三冊の主要簿によって構成されているのに対して、取引ごとに設けた現金出納帳、手形記入帳・送り状帳といった補助簿を主要簿に格上げし、そこから元帳に直接転記する分割仕訳帳制（厳密には分割日記帳制）を提唱している。それによって、補助簿と主要簿との二重記帳を解消している。もちろん、こうした記帳法は、すでに一六世紀に考え出されていたが、この方法をより積極的に導入し、記帳の実用化を推し進めようとしたのがブースである。

　また彼は、複雑な実務に対応するため、仕訳帳から元帳への転記を毎日行うのではなく、月毎にまとめて記帳する月次転記の方法や取扱商品ごとに分けて設定していた勘定を一つの勘定にまとめて記帳する統括勘定の使用も提唱している。

　しかし、ブースが主張するような個別の実務に対応するための記帳法は、極論すれば、存在する企業の数ほど必要になってくる。汎用性が失われ、反って実用性が損なわれてしまう結果にもなりかねない。一長一短というところであろうか。

ジョーンズのイギリス式簿記

ブースの『完全簿記体系』(1789)出版七年後にブリストルでエドワード・トーマス・ジョーンズが鳴り物入りで『ジョーンズのイギリス式簿記』(1796)を出版する。本書は、本文が二九頁、記帳例示が二八頁、一六頁の購入予約者の名簿の僅か七三頁の小冊子である。本書は、予約販売で出版されたが、価格が一ポンド一シリングという当時では高価であったにもかかわらず、四〇〇〇名を超える予約者があったという。評判を呼んだ本書は、一六版まで増刷され、アメリカ版の他にもドイツ語版、フランス語版、イタリア語版、スペイン語版と各国語に翻訳されている。非常に注目された簿記書であったことが窺える。

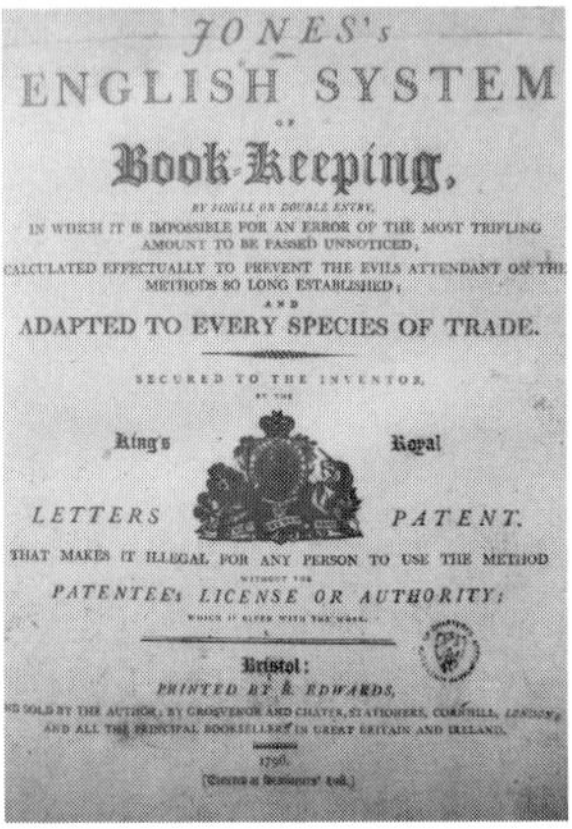

ジョーンズのイギリス式簿記

彼の狙いは、これまでのイタリア式複式簿記に代わって新たなイギリス式簿記を提唱することにあった。彼自身の言葉を借りると、伝統的なイタリア式複式簿記が持つ有用性とその簡便法であるデフォーやハットンの説くシングル・エントリーが持つ簡便性の二つを兼ね備えた新たなイギリス式簿記の提案にあった。彼は、簿記を実業家が取引を記録するための体系的な手法であり、それによって自分自身と取引相手の財務状態だけではなくすべての人の状態を知ることができる方法であると位置づけている。すなわち、簡便さと正確さの二点を持つ新たな簿記法を、これまでのイタリア式に代わってイギリス式の簿記という名の下に上梓したのが「ジョーンズのイギリス式簿記」ということになる。

仇花と消えたジョーンズ式簿記

本書は、イタリア式複式簿記に代わる簡便な簿記法ではあるが、半世紀ほど前に同じく簡便法として登場したデフォーやハットンのシングル・エントリーとは異なり、あくまでも複式簿記による記帳システムであるという点については、しっかりと留意しておくことが必要である。しかし、彼の説くジョーンズのイギリス式簿記は、結果的には、従来のイタリア式複式簿記と同じではないかとの批判を受け、結果的には仇花と消えていく。

こうしたブースやジョーンズによる実用化の流れは、その根幹は異なるが、すでに一八世紀前半からデフォーによって提案されてきた。一方ではデフォーの提案をそのままの形で継承したハットン等によって、小規模の小売商にも対応できる分かり易くという簡便化の方向を向き、他方ではその流れとは対照的に、ブースによって大規模で複雑な海外貿易にも対応できる実用的な簿記法という、同じ実用化ではあるが、相反する二つの方向に進んで行くことになる。その両者を揚棄した簿記法として登場したのがジョーンズであったはずである。しかし、こと志とは異なり、ジョーンズの簿記法は、すぐに歴史の彼方に消えていくことになる。

3 デフォーに始まる実用簿記書の台頭

簡便法の提唱者ダニエル・デフォー

少し時代を遡及《もどす》ことにする。こうした単に卓上の教科書としてではなく実際に実務に直接適応できる簿記書をというブースやジョーンズの考え方の源流は、『ロビンソン・クルーソー』（1719）で有名な経済思想家のダニエル・デフォー（1660－1731）の『完全なイギリス商人』（1725）によって提唱されている。複式簿記の基本原理を説く教科書用簿記書の実用化の流れは、その対象は異なっていたが、彼らから七〇年近くも遡るデフォーによって提唱されていたのである。小規模の小売商にとっては、複式簿記は余りにも難解かつ複雑である。そのため、複式簿記に代わる分かり易くて簡便な方法を提案し、その具体的な記帳法を『完全なイギリス商人』で紹介したのである。

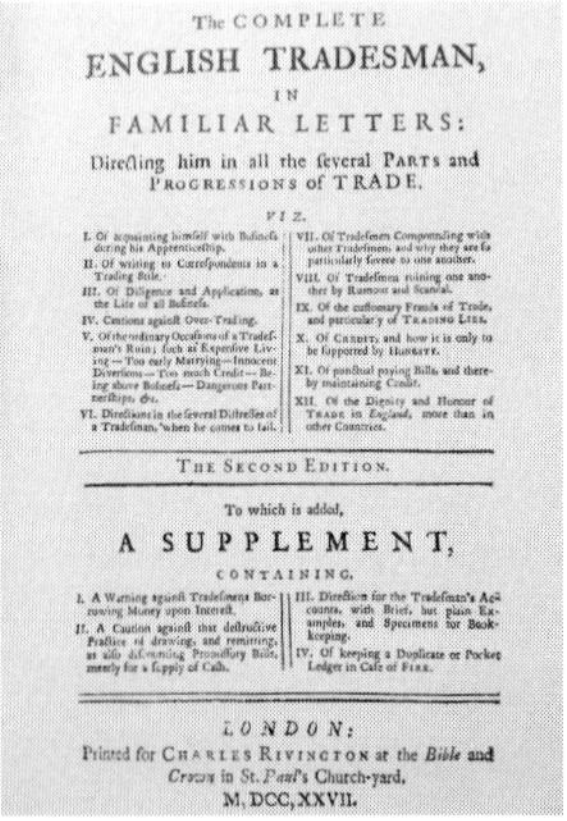
The COMPLETE
ENGLISH TRADESMAN,
IN
FAMILIAR LETTERS:
Directing him in all the several PARTS and PROGRESSIONS of TRADE.
VIZ.
I. Of acquainting himself with Business during his Apprenticeship.
II. Of writing to Correspondents in a Trading Stile.
III. Of Diligence and Application, as the Life of all Business.
IV. Cautions against Over-Trading.
V. Of the ordinary Occasions of a Tradesman's Ruin; such as Expensive Living — Too early Marrying — Innocent Diversions — Too much Credit — Being above Business — Dangerous Partnerships, &c.
VI. Directions in the several Distresses of a Tradesman, when he comes to fail.
VII. Of Tradesmen Compounding with other Tradesmen, and why they are so particularly severe to one another.
VIII. Of Tradesmen ruining one another by Rumour and Scandal.
IX. Of the customary Frauds of Trade, and particularly of TRADING LIES.
X. Of CREDIT, and how it is only to be supported by HONESTY.
XI. Of punctual paying Bills, and thereby maintaining Credit.
XII. Of the Dignity and Honour of TRADE in England, more than in other Countries.
THE SECOND EDITION.
To which is added,
A SUPPLEMENT,
CONTAINING,
I. A Warning against Tradesmens Borrowing Money upon Interest.
II. A Caution against that destructive Practice of drawing, and remitting, as also discounting Promissory Bills, meerly for a supply of Cash.
III. Direction for the Tradesman's Accounts, with Brief, but plain Examples, and Specimens for Book-keeping.
IV. Of keeping a Duplicate or Pocket Ledger in Case of FIRE.
LONDON:
Printed for CHARLES RIVINGTON at the Bible and Crown in St. Paul's Church-yard.
M, DCC, XXVII.

『完全なイギリス商人』第２版

ただし、そこで提案されている記帳法は、彼自身も明確に述べているように、決して複式簿記ではなく、あくまでも不完全な取引記録に過ぎないとしている。彼の説く記帳法は、複雑で難解な複式簿記に代わる簡便法に過ぎない。そこでは利益の計算はできず、締切時に設けられる残高勘定では、単に債権と債務の残高計算が行われているに過ぎないのである。元帳には、費用や収益に関する勘定はもとより、債権と債務以外の勘定は何一つ設けられることなく、そこでは企業損益を計算することはできない。決算に際して設けられる残高勘定では、単に債権と債務の残高が計算され、交互計算が行われたに過ぎないのである。

複式簿記というか簿記の本質は、損益計算にある。その肝心要の損益計算ができない記録システムを複式簿記、すなわち簿記に含めることはできないのである。デフォーによって提唱されたこの簡便法は、後継者であるハットンによって「シングル・エントリー」と名づけられたため、明治期に、わが国では「ダブル・エントリー」（・ブックキーピング）との対比において、シングル・エントリーを単式簿記と訳出してしまった。この邦訳が混乱というか誤りの始まりである。加えて、彼の死後に出版された改訂版では、残高勘定の残高に他の補助簿の残高を加減して財産法的に損益を求め、シングル・エントリーでも損益計算が行われていたかのような錯覚を与えている。デフォーが提唱し、ハットンがシングル・エントリーと名づけた記帳法は、単に複式簿記に代わる簡便法であり、不完全な複式簿記に過ぎないのである。すなわち、邦訳するとすれば、「簡易記帳（法）」ないしは「単純記帳（法）」になる。決して単式簿記ではない。

デフォーの後継者ハットン

このデフォーの簡便法をそのまま継承したのがチャールズ・ハットン（1737-1823）である。彼は、一七六四年に『教師の手引き、あるいは完全な実用数学体系』を出版し、その第二版と第三版で、デフォーが提唱した小規模の小売商にも適応できる複式簿記の簡便法をシングル・エントリー、すなわち簡易記帳ないしは単純記帳と名づけている。デフォーと同様、損益計算が目的ではなく、交互計算のための記帳法である。この簡便法によれば、元帳では単に債権と債務の残高計算が行われるだけで、複式簿記にとって最も肝心な企業の総括損益を求めることはできない。如何に小規模の小売商といえども、さすがにこれでは、記帳の意味がなく、ハットンの後継者たちは、彼の死後その記帳目的を変更して、簡便法ながらも損益計算ができる方法に改良した。この改良法がアメリカに伝わり、アメリカの簿記書の翻訳という形でわが国に導入されることになる。したがって、ブライアント、ストラットンを通して福澤によってわが国に導入されたシングル・エントリーは、シングル・エントリーで求めた債権債務の残高に現金出納帳や商品勘定から現金や売残商品の残高を計算して、それらを加減して財産法的に利益を求める方式が導入されたことになる。そのため、シングル・エントリーでも損益計算がなされていたとの錯覚が生じてくるが、そこでの損益計算は、決して元帳残高にもとづく損益計算ではないことに留意する必要がある。

複式簿記に代わる簡便法としてのシングル・エントリーがわが国では、ダブル・エントリーとの対比で、単式簿記と翻訳されることになる。その結果、このいわゆる単式簿記が複式簿記に先立って行われていたとの解釈が定着していく。これは、明らかに誤りである。デフォーやハットンが説いた記帳法は、単なる複式簿記の簡便法であり、かつ不完全な複式簿記であり、単なる債権債務の残高計算に過ぎないのである。そこでは、簿記の本質である損益計算は、なされていない。損益計算を前提にしないシングル・エントリーは、決して簿記とはいえないのである。

ハットンのシングル・エントリーの特徴

デフォーやハットンが複雑で難解な複式簿記に代わる簡単で分かり易い記帳法を説いたのに対して、ブースは、単なる複式簿記に代わる簡便な記帳法ではなく、複雑な取引にも対応できる実用的な簿記法を説いている。両者は、対象は異なるが、実用性のある記帳法という点では、同じ方向を向いた簿記書であった。ハットンが説いた簡便法としてのシングル・エントリーによる記帳法は、明治八年（1875）に宇佐川秀次郎（1849–1881）によってわが国に抄訳して紹介される。

福澤は、このシングル・エントリーを的確に、本式（複式簿記）に代わる略式と邦訳したが、彼の後に続いたほとんどの研究者が福澤の訳を踏襲せず、ダブル・エントリー（複式簿記）に対応させて、シングル・エントリーを単式簿記と訳出し、その誤った訳が定着したのがそもそもの誤りの原因になった。

ICAEWの正面玄関上部の飾り

なお、デフォーに始まり、ブース、ジョーンズを経て、今日ではＦＡＳＢやＩＡＳＢに継承されている実用性や有用性、あるいは目的適合性といった考え方を重視するのは、アングロ・サクソンに共通する思考形態なのかも知れない。

ブースの簿記書を所蔵しているイングランド＆ウェールズ勅許会計士協会（ＩＣＡＥＷ）について少し付け加えておく。ＩＣＡＥＷは、ロンドンのシティ、地下鉄バンク駅を降り、イングランド銀行のモアーゲイト道路を少し北に行き、右に折れたところにある。ＩＣＡＥＷは、一八八〇年にヴィクトリア女王（在位：1837－1901）の治世下で勅許をえた会計士協会である。そこには、一六世紀から一九世紀までの多くの貴重な古典簿記書が地下の書庫に保管されている。昔は、１階の閲覧室で誰もが自由に閲覧できたが、今では勝手に見ることはできず、許可をもらわなければならなくなっている。貴重な書籍なので、破損や紛失のことを考えれば仕方のないこととはいえ、利用者にとっては極めて不便になった。

大阪経済大学の図書館にエディンバラのエリオット・ワット大学の今は亡き古き友人マイケル・メファムが所蔵していた多くの古典簿記書を含むすべての蔵書が保管されている。彼の蔵書を引き取った古書店「スパイク・ヒューズ・レアー・ブック」から、彼の妻のアドバイスにしたがって、私の自宅に直接電話が入った。直ちに図書館と連絡を取り、すべての蔵書を一括購入することにした。生前、エディンバラの彼の自宅で夕食を馳走になりながら、「リタイアーすれば古書店をやるんだ」とジョークを飛ばしていた彼の髭を伸ばした顔が浮かんでくる。今でも、エディンバラに行くたびに、彼の家族と会って、食事をしたりティー・タイムを楽しんでいる。残念ながら、ブースの簿記書は、彼の貴重図書には含まれていないが、日本の書店による復刻版があるのでいつでも閲覧や帯出は、可能である。

本書の再校中に、悲しいメールが届いた。残されたマイケルの最愛の妻イネツも亡くなったと娘からの知らせである。ズームでお葬式に参加したが、また一人大切な友を失くしてしまった。安らかに眠りについたとの知らせがせめてもの救いである。

4　フォード・システムと管理会計の登場

すべての科学における基礎研究の重要性

如何なる科学にとっても、その「生い立ち」(歴史)と「成り立ち」(理論)を明らかにすることは、最も重要なことである。こうした基礎研究の重要性は、ノーベル賞を受賞した多くの科学者が口をそろえて説いているところでもある。しかしながら、われわれは、つい目先の成果に追われてしまい、「役立ち」（有用）や「損得」（実利）を優先してしまう。とりわけ、実生活と直接的に関わっている経済行為やその計算構造を支えている会計行為は、どうしてもすぐの成果を求めてしまい勝ちである。実用性とか目的適合性といった理念がすべての行動規範に優先してしまう。しかし、基礎研究の重要性を絶えず心のどこかに止めておくことは、極めて重要である。私は、歴史という基礎研究の視点に立った時、会計学にとって何よりも重要なキーワードが有用性や実利性ではなく信頼性や客観性にあると思っている。

イタリアで発生し、イギリスで会計学に進化を遂げた複式簿記は、アメリカに接ぎ木され、一層の発展を遂げていく。新興国家アメリカにとって何よりも求められたのが、先進国家イギリスに追いつき、追い越すための成果であった。すべての分野で有用性や実利性が優先していったのであろう。明治を迎えた日本も、それまでの日本的伝統を捨てて、当時のアメリカと同じ精神構造に置かれていたものと思われる。あるいは、そうした欧米崇拝志向が敗戦によって加速され、今もなお引きずっているのかも知れない。

原価計算の進化と管理会計の登場

産業革命期のイギリスで発展した様々な会計システムは、有用性や実用性あるいは実利性を根底に据えながら、アメリカで大きく展開していくことになる。その典型的な事例が原価計算の更なる進化と管理会計の誕生、それにフォード・システムの考案である。

産業革命に突入した一八世紀末のイギリスでは、巨大な製造業が次々と設立され、石炭という新しいエネルギーに支えられた製鉄や鉄道、製綿といった産業を次々と生み出してくる。それに伴い、これまでの商業資本に代わって新たな産業資本が勃興し、すでに述べた三角貿易と植民地政策による価格差と税金の徴収によってイギリスは、まさに日の沈まない国へと駆け上がっていく。一八世紀末には、紅茶カップで有名な一七五九年設立のウェッジウッド社が厳密な間接費の配賦による精密な原価計算を行っていたといわれている。また一九世紀を迎えると、チャールトン・ミルズ綿工業では工程別の実際原価計算が行われ、一九二〇年代にはリヴァプール・マンチェスター鉄道会社ですでに見積原価計算が行われている。当時の鉄道会社では、資金調達のため、財務諸表の開示も一般的に行われている。

こうして、一九世紀を通して熟成されたイギリス原価計算制度がアメリカという新天地に接ぎ木されて、さらなる新たな展開を遂げていく。二〇世紀を迎えると、イギリス式の実際原価計算を中心にした事実にもとづく厳密な方式から、標準原価計算や予算統制といった単なる事実にもとづく計算だけではなく予測を軸にした管理会計的な思考形態が登場することになる。

また、直接原価計算という経営を念頭に置いた製造原価の計算方法も登場してくる。製造にかかるコストを売上に比例して増減する原材料費や販売手数料といった費用を変動費として捉え、人件費や地代や減価償却費といった売上の増減に関わりなく生じる費用を固定費に分類して、製造原価を計算する方式である。したがって、直接原価計算では、メイカーにおける経営の意思決定において、どの製品が売上に直接的に貢献しているかという判断を下すのに有効な計算方法になる。

こうした標準原価計算や直接原価計算の手法は、事実にもとづく厳密な損益計算で求めた利益を外部の利害関係者に開示するという財務会計の領域から踏み出した感はあるが、経営の意思決定という側面からは、極めて有効な一つの方策であることに変わりはない。具体例として、ルーイビル&ナッシュビル鉄道会社では、利益計画を作成するため、輸送原価を固定費と変動費に分けている。二〇世紀になると、フレデリック・テイラー(1856-1915)による科学的管理法が発案され、これによって新たに管理会計が大きく展開していくことになる。

科学的管理法テイラー・システム

テイラー・システムと呼ばれる科学的管理法は、経営管理法や生産管理法の一種で、労使協調を軸にした労働者の管理法である。

フレデリック・テイラーは、ニューヨークの南西にあるペンシルベニア州フィラデルフィアのシャーマンタウンで生を受け、同じフィラデルフィアで五九歳を迎えた翌日に亡くなる。

フィラデルフィアは、ペンシルベニア州最大の都市で、アメリカ独立宣言と憲法宣言が署名された独立記念館のあるアメリカ独立当初の歴史を偲ばせる都市である。そんな歴史ある町に生まれたテイラーは、弁護士の父の跡を継ぐため、ハーバード大学法学部に入学するが、目を患い大学を中退する。その後、ミッドヴェール製鉄会社の技師責任者として様々な知識を得て、退職後にはマニュファクチャリング投資会社に転職する。そこで彼は、会計的知識、とりわけ原価計算や費用配分の必要性を痛感し、同社の職業会計士からコンサルタント業務に必要な多くの会計に関する知識を身につけていく。

一八九三年にマニュファクチャリング投資会社を退社して独立し、コンサルティングの仕事を始める。この間に、会計についての知識を深め、テイラー・システムと呼ばれる経営管理の基本を作り上げることになる。

テイラーの管理システムの特徴は、原価の計算を複式簿記と結びつけ、原価計算にもとづいて作業管理を行うところにある。言い換えると、企業の組織的な管理を会計的手法によって行うのである。伝票処理や日々の記帳に原則を作って、日常業務を単純化し、迅速に事務処理を行っていくところにある。現金勘定の日計表を作ったり、月次損益計算書を作成したり、タイムカードを導入し、日々の業務を科学的に集中管理して経営の合理化に向けて管理していく手法である。このテイラー・システムの導入によって、新たに管理会計が登場し、経営の合理化が進められていくことになる。

管理会計の中心テーマは、プランニングとコントローリングにもとづく予算統制にある。先ず、しっかりとした経営計画を樹立し、その計画にもとづいて組織を管理統制していくのが管理会計の中心的な役割である。この組織を管理していくのに有効なシステムの一つがテイラー・システムであった。そのため、管理会計の歴史を紐解くとき、しばしばテイラー・システムが取り上げられることになる。

職業会計士の登場

管理会計の目的は、企業経営の中心である経営の意思決定や経営管理に有用な情報を経営の執行人に提供することにある。財務会計が外部報告会計と呼ばれるのに対して、管理会計が内部報告会計といわれる所以である。設定した目標がうまく達成されているか否かの評価が非常に重要になってくる。そのため、会計のプロフェッションによる立案やそのチェックシステムも欠かすことができなくなる。その結果、会計の専門的知識を持った経営コンサルタントや会計士の登場が待たれることになる。この点では、同じ会計士でも記帳の正否に重点を置くイギリスの勅許会計士とアメリカの公認会計士とでは、その役割にいくらかの違いがあったのかも知れない。

もちろん、経営の内部に入り、経営計画の樹立やその遂行にアドバイスを与える経営コンサルタントと経営の外にいて、投資家の立場から会計の不正をチェックする会計士とでは、両者の立ち位置や役割には大きな違いがあるのは、当然である。両者を混同すると、会計不正の原因にもなりかねない。

アメリカ最初の職業会計士の団体であるアメリカ公会計士協会（ＡＡＰＡ）が設立されるのは、一八八七年八月二〇日のことである。これが今日のアメリカ公認会計士協会（ＡＩＣＰＡ）の前身になる。世界最初の職業会計士の団体であるエディンバラ会計士協会（ＳＡＥ）がヴィクトリア女王の治世下で国王から勅許を受けたのが一八五四年一〇月二三日であるから、わずか三三年後のことである。アメリカにおける初期の会計士は、そのほとんどがイギリスからの移民であった。イギリスで会計士を誕生させたのは、鉄道や製鉄に関する巨大企業の誕生、企業形態の無限責任制から有限責任制への転換、度重なる恐慌による破産の頻発、所得税の導入、の四つがあげられるが、アメリカにおいても同様の背景が考えられる。ただ、アメリカとイギリスの監査制度には、次に述べるような違いがあったといわれている。

アメリカとイギリスの会計士の役割の相異

アメリカの監査が企業の発展や信用の拡大を重視し財務の流動性や経営効率に力点を置いたのに対して、イギリスは、株主が取締役に委託した権限について、その責任をしっかりと果たしているか否かを重視した監査であった。昨今、国際会計基準等でしばしば登場する受託責任という考え方である。

一八八七年にＡＡＰＡが設立される前夜には、すでにニューヨークやフィラデルフィアやシカゴで合わせて二八名の会計士が登録されていたといわれている。ニューヨーク最初の会計事務所の開業は、一八六六年にイギリスからの移民であるＷ・Ｈ・ヴェイシーによって行われ、ＡＡＰＡの初代会長ジェームズ・ヤルデンも一八七六年に個人事務所を開設している。フィラデルフィアでは、一八七七年のアメリカ会計士業界のパイオニアといわれているジョン・ハインズが最初である。これらの点についての詳細は、参考文献に挙げた『原点回帰の会計学―経済的格差の是正に向けて』の第四章を参照されたい。

折角なので、会計士が誕生したニューヨーク、フィラデルフィアとシカゴの町の名所も訪ねてみたいところであるが、残念ながら東海岸はボストン以外には行ったことがないため、観光案内は市販のガイドブックに任せ、いよいよ本書の最終話が近づいてきたので、世界をめぐる会計紀行の締めくくりとして、複式簿記のわが国への伝播の過程について見ていくことにする。

第５話：複式簿記の渡来

欧米から日本へ

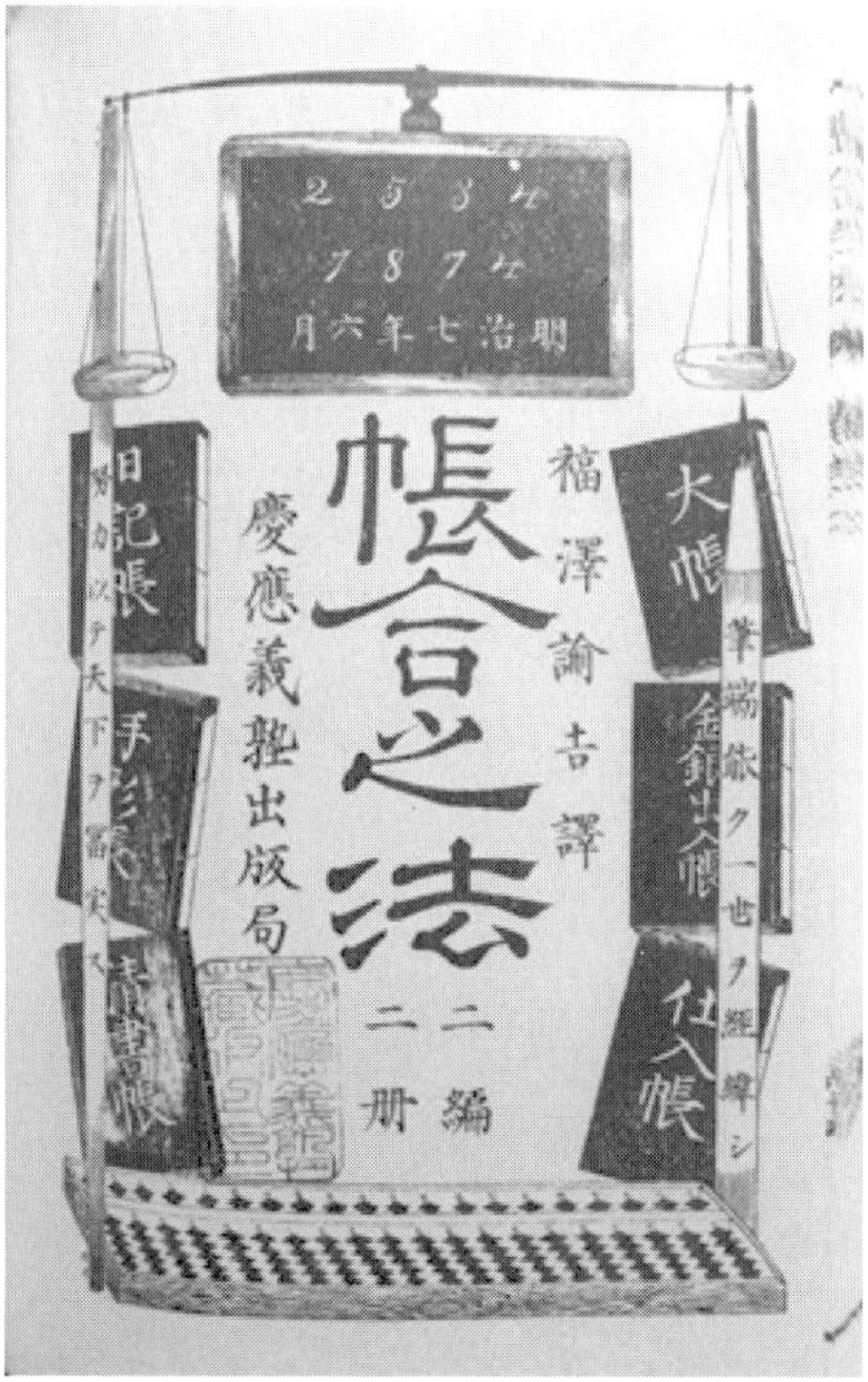

1　江戸時代のわが国固有の帳合法：伊勢、出雲、近江

和式帳合から洋式簿記への転換

これまで見てきたように、十三世紀にイタリアで誕生した複式簿記は、商業の繁栄の推移に伴い漸次オランダへと継承され、近代化へと踏み出していく。一八世紀を迎えると、やがて世界の覇権はイギリスに移り、その推移とともに、複式簿記は、会計学へと大きく変容していくことになる。オランダで熟成された複式簿記は、相次いで設立される巨大な株式会社の要求に応えるため、これまでの取引を記録し利益を計算する技法から投資誘因のための財務情報や損益情報を提供する開示システムとしての会計学へと大きくその役割を変えていく。端的にいえば、会計の主要な役割が企業の記録計算機能から情報提供機能へと変容したことを意味している。一九世紀にイギリスで完成した会計学は、一九世紀の後半を迎えたアメリカでさらに大きく花開くことになる。

こうして著しい進化の過程を辿ってきた会計実務は、明治を迎えて、これまでのわが国で用いられてきた固有の帳合法に代わって、上からの強制により、洋式簿記（複式簿記）の移入・転換へと大きく舵を切っていく。そこで先ず、江戸時代に花開いたわが国固有の帳合法から簡単に見ていくことにする。

伊勢富山家の帳簿

わが国は、二六五年にも及ぶ江戸時代（1603‐1868）に、帳合法と呼ばれる複式簿記に匹敵する高度に発展し、複式決算構造を備えたわが国固有の簿記法を保有していた。現存する帳簿のなかで、わが国最古の会計帳簿といわれているのが、元和元年（1615）から寛永一七年（1640）までの正味身代（純財産）の増減を記録した伊勢の商人富山《とみやま》家《け》の足利帳《たしりちょう》だといわれている。富山家は、三井家や鴻池家に匹敵するほどの豪商であった。また、複式簿記の元帳に該当する大福帳は、元和十年（1624）から明暦元年（1655）までのものが今も残っている。現在、この貴重な史料は、東京の文部科学省史料館に保管されている。

富山家は、中世から近世にかけて伊勢神宮にお参りする街道の要地として栄えた射和《いさわ》、現在の三重県多気郡の勢和で松阪の少し南に下がった所にあった。この辺りは、水銀の産地として知られ、白粉や伊勢茶、伊勢木綿の産地として栄えた所である。富山家が商人として活躍した初期の実態は必ずしも明らかではないが、天正一三年（1585）に小田原で商売を始め、その後江戸に出て、元和一〇年（1624）には伊勢の商人の私紙幣の一種である独自の射和羽書を発行するまでの豪商になっている。江戸だけではなく大坂、京都にも進出し、呉服商や両替商を中心に繁栄し、元禄時代（1688‐1704）には、越後屋、家城、伊豆蔵とともに江戸四大呉服商と呼ばれるまでになっていた。最盛期の正味身代は、金一五万三千両に達していたといわれている。　しかし、さしもの身代も享保年代の初期には陰りを見せ始め、文政五年（1808）にはついに終わりを迎えることになる。

足利帳は、前年度の正味身代（自己資本）に利足（純利益）を加算して本年度の正味身代を計算した帳簿である。そこでは財産計算のみが記載され、売上や仕入といった収益費用による成果計算の側面からの損益勘定はなかったとの分析がなされている。

足利帳と算用帳

また寛永一五年（1638）に残存する算用帳が富山家最古の算用帳といわれている。この算用帳も足利帳と同様、財産計算によって純資産の増減から利益を計算しており、収益費用の側面からの損益計算をしている記録は、残っていない。資産項目には売掛金や貸付金、在庫を記載し、負債には買掛金や先に述べた羽書の未回収分、あるいは預り金などが記載されている。そこから二二年も後の万治三年（1660）につけられた算用帳でも、フローの側面からだけではなくストックの側面からの損益計算もなされていない。なぜなら、期首の正味身代が記されていないため、その年度の単独の帳簿だけでは利益の計算ができないからである。

ただし、宝永四年（1707）の上州店の算用帳では、取扱商品の荷口別に損益を計算していたといわれている。また、安永五年（1776）頃になると，大坂呉服店の算用帳では、売上原価の計算もなされ、単に財産計算によるストック計算だけではなく、フローの側面からの損益計算にも配慮がなされるようになる。

いささか専門的になり過ぎたので、富山家発祥の地伊勢に足を運んでみることにする。伊勢にはいうまでもなく伊勢神宮、内宮と外宮がある。江戸時代には、お伊勢参りが有名で、道中が大変賑ったといわれている。とりわけ、江戸時代に六十年周期で三回ほど起こった集団参詣としての「お蔭参り」は、有名である。江戸からは片道一五日、浪速からは五日ほどかかったといわれている。お参りの後で、おかげ横丁で伊勢名物の極太の伊勢うどんや赤福を食すのも一興である。

出雲田部家の帳合

伊勢と並んで出雲にもかなり進んだ和式帳合が残存している。一般に出雲帳合と呼ばれている帳簿である。これは、出雲市の南東、島根県飯石郡吉田村の田部《たなべ》家に残された帳簿を指している。田部家は、六〇〇〇年以上も続く旧家で、その主な仕事は製鉄業で、多くの人を雇い、かなり大規模に行われていた。砂鉄を採取して、わが国に古来から伝わる鑪《たたら》吹き製鉄法によって良質の鉄や鋼を製造した（写真は『和鋼博物館展示ガイド』より）。そ

砂鉄から出るノロ（鉄滓）

れらは、優れた刀などにも用いられた。その業務内容は、本家の番頭の元で、営業部、財務部、基本部の三部に分かれて統括されていた。基本部というのは、営業と財務の総括部門である。

一部の帳簿は、江戸中期の一七四〇年頃に大火に会って喪失している。残存している帳簿は、美濃和紙に書かれた享和元年（1801）頃のものと安政年間（1854－1859）のものがある。帳簿は、例えば現金収支、主製品の鉄鋼の原材料の仕入や製品の売上についての帳簿、木炭等の燃料費についての帳簿、多くの人夫の賃金等に関する帳簿、賄いのための米や様々な日用雑貨品あるいは馬方の受払帳業務で発生する項目ごとに分けられた帳簿等、非常に多くの帳簿がつけられていたようである。

菅谷山内の田部家のたたらの（和鋼博物館）

田部家の両面勘定

特に注目されているのが、「両面勘定」といわれている帳簿である。この両面勘定は、出目金座（損益勘定）と惣差引座（財産勘定）の二つから成り、先の安政年間のものが残されている。出目というのは、差引ないしは差額を意味し、収益と費用および資産と負債の差額を指している。したがって、両面勘定というのは、今日流に解釈すれば、沢山の帳簿の中から、一方で損益に関する項目を「出目金座」に集めてその差額から利益を計算し、他方で財産に関する項目を「惣差引座」に集めて資産と負債の差額から資本を求めて利益を計算し、両者の利益が合致するかどうかを点検している。今日流に言えば、フローとストックの両面から純損益を計算して、両者の損益を相互にチェックし合っている。そうした点から、両面勘定といわれ、複式簿記の決算と同じ計算構造を持っていた。単なる財産の増減記録ではなく、明らかに複式簿記にもとづく記録である。

ただし、日常の取引がすべて複式簿記と同じ様に貸借両面で記録されていたわけではない。その点では、先に述べた一八世紀イギリスのハットンの簿記書の死後に出版された新版の改良簿記法と類似の仕組みを持った、丁度、包括利益計算書におけるリサイクリングと類似した考え方といえるかも知れない。ハットンの死後に出版されたトロッター版（1840）では、仕訳帳と元帳以外の補助簿から財産項目を集めて純利益を計算し、それに補助簿から販売費や一般管理費で求めた営業費用等を加えて営業利益を計算している。ただし、出雲帳合の場合は、ハットンとは異なり、複式決算構造を備えた上での優れた簿記法であったため、第四話3で述べたいわゆる単式簿記（シングル・エントリー）と同列に考えることはできない。現在帳簿は、島根県雲南市の「鉄の歴史博物館」の近くにある田部家の土蔵に保管されている。

出雲には、いわずと知れた御祭神大国主を祭っている出雲大社があり、西にはかの茶人大名不昧公を擁した松江城がある。インバウンドに絶大の人気を得ている足立美術館も控えている。松江の宍道湖に落ちる夕日は、日常の疲れた心が癒されるほどの絶景である。少し西に足を延ばせば、玉造温泉やスリップ・ウェアーの湯町焼もある。

明治維新の郷萩の町

また松江から西に行くと世界遺産の石見銀山があり、さらに南西には津和野がある。フィロソフィーを哲学と和訳した西周《にしあまね》の旧宅や森鴎外の記念館もある。京の都の八坂神社から伝わったといわれる七月の鷺祭りは、よく知られている。津和野駅からすぐ西の山道を登ったところに、切支丹弾圧の悲劇を二度と繰り返さないために、昭和二三年（1948）に建立された乙女峠マリア聖堂がある。多くの信者が殉教したと伝えられている。忌まわしい歴史の一幕である。

山陰地方も見どころ満載であるが、何よりも新しい日本の夜明けを開いた明治維新の郷、長州萩は、格別である。吉田松陰の松下村塾跡を始め、高杉晋作の屋敷跡、山県有朋の誕生地、木戸孝允や伊藤博文、あるいは久坂玄瑞の旧宅跡といった明治維新ゆかりの人々の遺跡が至る所に残されている。

もちろん、萩藩の遺跡、藩校明倫館や毛利藩の菩提寺東光寺も見逃せない。是非見ておきたいところが、萩藩が兵器製造のために安政五年（1858）に築いた反射炉の跡である。幕府との交戦には欠かせない鉄砲や武器を作るための重要な装置であった。鉄を溶かすためのものであり、いわば今日の溶鉱炉の役割を果たしていた。また、萩には有名な萩焼の窯が数多く設けられている。藁灰による白濁釉の鬼萩の茶器で知られる人間国宝三輪休和の窯がある。学生時代に萩を訪れた時、手に入れた波多野善蔵の赤萩の湯のみは、今も愛用している。

「長門峡に、水は流れてありにけり。寒い寒い日なりき。……水は、恰も魂あるものの如く、流れ流れてありにけり。やがて蜜柑のごとき夕日、欄干にこぼれたり。あゝ！――そのやうな時もありき、寒い寒い日なりき」。萩から南東に内陸部を入ると、汚れちまった悲しみを抱きながら早世した中原中也（1907－1937）が詩《うた》った長門峡がある。更に南西に湯田温泉まで下ると中也の記念館もある。中也や鮎川信夫（1920－1986）、谷川俊太郎（1931－）は、当時の多くの若者に、好んで読まれた詩の一つである。また、山口市内には放浪の俳人種田山頭火（1882－1940）の生家跡もある。俳人正岡子規（1867－1902）の生地四国松山にも山頭火の寓居跡が残されている。

湖東三山と滋賀の名物

話しが簿記から少しそれてしまったが、元に戻すことにする。わが国帳合法の研究で忘れてはならないのが、江州中井家の帳簿である。江州中井家は、近江国蒲生郡大塚庄で大塚姓を名乗っていたが、天正年間（1543-1591）に岡本村中井に移り、中井姓を名乗った。文禄年間（1592-1595）に日野町に移住した近江商人である。近江商人とは、通常、近江八幡、日野、五個荘に本拠地を置く他国への出稼ぎ商人を指している。先の各地には、今も近江商人の街並みが保存され、伝承されている。また近くには、白洲正子で有名になった湖東三山、西明寺、金剛輪寺、百済寺やとりわけ紅葉の見事な永源寺もある。京の都に勝るとも劣らない古刹が数多く残されている。華やかな京の都とは一味違う、落ち着いたわびさびの世界が広がっている。今は廃寺になっているが、鶏足寺の紅葉も見応えがある。

江戸末期の文政一二年（1829）に、京焼の白磁の美しい絵柄にひかれて彦根で創始されたのが湖東焼である。井伊直弼の暗殺によって衰退し、明治中期には途絶えた湖東焼ではあったが、一部のマニアからは珍重され、現在は、その復興がなされている。

湖東には、一六二二年に築城された井伊家の居城彦根城、近江商人が売り歩いた近江蚊帳や長浜縮緬、近年では吹きガラスで有名な長浜もある。言わずと知れた名物は、東の「くさや」に西の「鮒ずし」である。独特の味と匂いは癖が強く、初めての人は、敬遠する人が多いかも知れない。ただ、寒い冬場の鴨鍋は、格別で体を心底温めてくれる最高の鍋料理である。京の都を訪れた時は、少し足を延ばして、二、三日ゆっくりと滋賀の里を散策されることを勧めたい。季節を問わず、琵琶湖の周りをゆっくりと巡るのもまた格別である。

江州中井家の帳合法

中井家の現存の史料は、一五〇〇〇点にものぼる膨大なもので、そのうちの半数が日常業務を記帳した大福帳（総勘定元帳）、問屋仕限帳（得意先元帳）、金銀出入帳（現金出納帳）、給金帳（給料支払帳）等々と店卸目録と呼ばれる決算書類である。初代中井源右衛門良祐は、享保一九年（1734）に日野売薬で有名な合薬の行商を始める。延享二年（1745）に下野に越堀店を出し、近江商人発祥の行商人から定住商へと姿を変え、京都を始め東北地方や中国地方の各地に店《たな》を設けていった。決算書類として本店への報告書類の店卸目録、および各支店の控用に店卸帳がつくられ、この決算書を作成する前には、精算表の役割を果たす店卸下書も作成されている。江戸時代におけるわが国固有の簿記法である帳合法の中でも、江州中井家の帳簿は、財産計算と損益計算の両面から利益を算出する複式決算構造を備えた、極めて高度に進化した優れた会計システムである。江戸時代の二六〇年という歳月の流れのなかで、帳合法も大きく発展していったことが窺える。

本家の帳簿としては、享保一九年（1734）からの決算書類である店卸記が残されている。この店卸記は、先に述べた伊勢富山家の足利帳と内容も形式も非常に似通っている。

江州というのは、近江の国の別称で、現在の滋賀県地方を指している。江戸時代における江州の中心は、彦根であった。近江彦根藩第一五代藩主井伊直弼は、日本の開国、近代化を強力に推し進め、世にいう安政の大獄を断行したため、それに反対する水戸藩からの脱藩者一七名と薩摩藩士一名の手によって暗殺される。桜田門外の変（安政七年・1860）である。彦根には今も国宝彦根城がその雄姿を残している。戦国時代を駆け抜けた織田信長（1534−1582）の安土城もあらためて注目されている。京都だけではなく、近江商人の足跡が残る滋賀も是非訪れてみたいところである。

京都両替商三井家の会計帳簿

伊勢松坂出身の三井家が豪商として頭角を現す始まりは、三井高利の父高俊が元和年間（1615−1623）に松阪で越後屋と名うって酒造りで業を起こしたことに始まる。それに併せて、質屋なども経営している。大きな発展を遂げるのは、高利が延宝元年（1673）に江戸と京都に呉服店を開業したことに始まる。天和三年（1683）には江戸店を駿河町（現在の日本橋三越本館）に移転し、越後屋呉服店を開業、また三井両替店も同時に開業し、急速に事業を拡大していく。三越百貨店や三井銀行の前身である。戦後、財閥は解体されたが、それでもなお三井物産、三井住友銀行、三井化学、三井生命等々の旧財閥の流れを組む三井グループは、日本の経済界に君臨している。

わが国最古の複式決算、すなわち原因（フロー）と結果（ストック）の両面からの損益計算が行われた最初の事例は、大坂の鴻池両替商の寛文一〇年（1670）の算用帳にあるといわれているが、一七世紀後半には、伊勢、近江、京都、大坂などの上方に本拠を置く商家、とりわけ京都、江戸、大坂の三都で活躍する商家の間では、複式決算を行っていた商家がかなりの数に上っている。三井家の現存帳簿のうち分析の対象となっているのは、元禄四年（1691）上期から元禄六年（1693）上期に至る決算報告書類等である。東京中野区にある三井文庫には、膨大な史料が今も保存されている。しかし、初期のものは比較的少ない。そこには、高利の次男の高富が京都に移住した時の元禄四年（1691）を含む三年間の決算報告書が残されている。

高利は、五二歳になった延宝元年（1673）に、長男の高平に「越後屋八郎右衛門」の名前で江戸店を開かせ、次男高富には京都の仕入店を、三男高治に江戸の販売店を管理させ、高利自身は、松阪から指示を出していたと伝えられる。この時代の多くの決算報告書は、今日の貸借対照表に該当する資産・負債・資本の増減記録と損益計算書に該当する収益・費用の比較計算で形成されている。三井家のこの江戸御用書の帳簿は、ものの流れを示す勘定と金の流れを示す勘定、それにすべての勘定を集約した損益勘定と残高勘定という構成になっていたといわれている。宝永七年（1710）には、事業と家を分け、一元的に管理・統括するために大元方《おおもとかた》という今日の持ち株会社に該当する本部機構を設けている。

三井家の決算報告書類は、フローとストックの両面から利益を計算し、両者を検証するという複式決算構造をもった会計システムを構築していたが、日々の取引を記録する日常会計においては、必ずしも複式簿記で記録されていたわけではない。この三井家の簿記法が当時のわが国の帳合法の一般的な様式であった。その意味で、わが国固有の大福帳形式による簿記法を厳密には複式簿記と規定することはできないが、複式決算構造を備えた高度に進化した簿記という呼び方をするのが一般的である。単なる金銭の出納記録とは、質が違うのである。伊勢の名所については、先の富山家のところで述べたので、ここでは省略する。

2　福澤諭吉訳『帳合之法』：大坂堂島から中津、そして江戸へ

二六五年の長きに渡る江戸幕府が崩壊し、一八六八年の王政復古に伴い新しい明治時代を迎えることになる。明治新政府は、欧米諸国に「追いつけ・追いこせ」の方針のもと、産業振興に焦点を当て、富国強兵の政策を強力に推し進めていく。この産業振興策の一環として、明治新政府は、これまでの豪商たちのもとで進化してきたわが国固有の簿記すなわち帳合法に代えて、洋式簿記すなわち複式簿記への転換を新たな方針として強制していく。

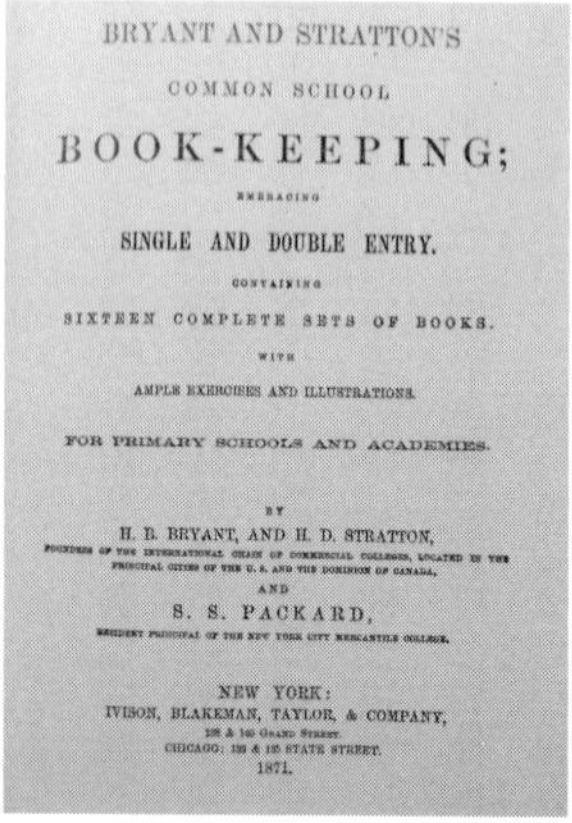
BRYANT AND STRATTON'S
COMMON SCHOOL
BOOK-KEEPING;
EMBRACING
SINGLE AND DOUBLE ENTRY.
CONTAINING
SIXTEEN COMPLETE SETS OF BOOKS.
WITH
AMPLE EXERCISES AND ILLUSTRATIONS.
FOR PRIMARY SCHOOLS AND ACADEMIES.
BY
H. B. BRYANT, AND H. D. STRATTON,
FOUNDERS OF THE INTERNATIONAL CHAIN OF COMMERCIAL COLLEGES, LOCATED IN THE PRINCIPAL CITIES OF THE U. S. AND THE DOMINION OF CANADA,
AND
S. S. PACKARD,
RESIDENT PRINCIPAL OF THE NEW YORK CITY MERCANTILE COLLEGE.
NEW YORK:
IVISON, BLAKEMAN, TAYLOR, & COMPANY,
138 & 140 GRAND STREET.
CHICAGO: 133 & 135 STATE STREET.
1871.

『一般学校簿記』の第一頁

こうした状況下で、福澤諭吉（1835‒1901）は、教育上の観点から、複式簿記の理解を深め普及させていくため、一八七一年にニューヨークで出版された『ブライアント、ストラットンの一般学校簿記』

『帳合之法』初編（略式）

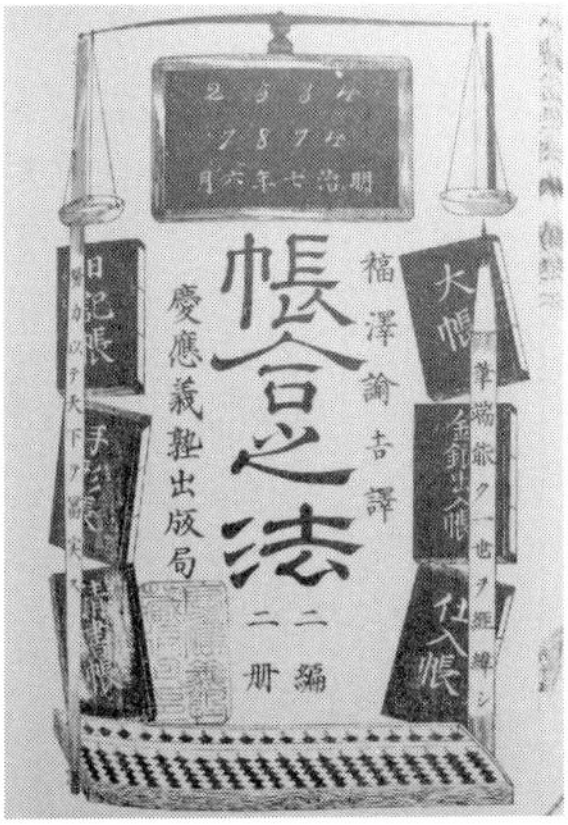

『帳合之法』二編（本式）

の翻訳に取り掛かる。初編（略式）二冊を明治六年（1873）に、二編（本式）二冊を明治七年（1874）に慶應義塾出版局から上梓する。わが国における複式簿記書の嚆矢である。

ここから先は、いくらか専門的な内容になるが、要約して書き進めるので、しばらくは、簿記に疎遠である方は、ご辛抱いただきたい。

福澤は、本書を翻訳するにあたり、次のように述べている。「横浜の友人が本書を携えて来たが、そのタイトルがブックキーピングという金銭の授受に関する取引や会計について書かれた商家にとっては極めて必要なもので、これを翻訳すると大福帳よりも優れた記帳法になると信じたので、すぐに翻訳に着手した」と述べている。

当時の横浜には、すでに会計事務所が開設されており、英字新聞では簿記書の広告も出されていたという。本書の翻訳の目的は、複式簿記を実務に直接適用するためというよりもむしろ、新しい洋式簿記の意義と必要性を広く説くために、教育用として翻訳されたものである。

『帳合之法』初編略式の内容

初編略式は、一巻と二巻があり、一巻の第1式は先ず凡例が書かれ、続いて略式についての総論、それに日記帳（仕訳日記帳）、大帳（元帳）の簡単な事例説明がなされ、第2式で日記帳、大帳、金銀出入帳と惣勘定について記帳例を示している。二巻の第3式では端書、日記帳、大帳、金銀出入帳、手形帳、惣勘定、それに定則、用例、稽古人の試業（練習問題）第三番と端書が書かれている。第4式は日記帳、売帳、大帳、金銀出入帳、手間帳、惣勘定、活用の例（応用問題）、稽古人の試業第四番、新社中（新組合）によって構成されている。

福澤の『帳合之法』における初編の内容は、一八世紀にデフォーによって提唱され、ハットンによって完成された複式簿記の簡便法である小規模の小売商を対象にしたシングル・エントリーが基盤になった翻訳である。この『帳合之法』の後、多くの翻訳書や簿記会計の教科書が相次いで出版される。そうした簿記書では、当時の欧米の簿記書が初めの1部で簡便な記帳法であるシングル・エントリー（簡便法）を解説し、続く2部でダブル・エントリー（複式簿記）を説明する簿記書が多くを占めていた。そのため、2部のダブル・エントリー、すなわち複式簿記に対比させて、1部のシングル・エントリーを単式簿記と邦訳してしまったのである。福澤は、初編を正確に略式と訳したにもかかわらず、その後に出版されたほとんどの簿記会計の教科書では、シングル・エントリーを単式簿記と訳している。それが複式簿記の発生の前に単式簿記が既に存在していたという錯覚を植え付けてしまうことになる。あくまでも複式簿記の簡便法である。

この誤訳が尾を引き、今日でも複式簿記の発生以前にすでに単式簿記が存在していたという誤った解釈が一般化してしまっているのが実情である。福澤が邦訳した略式の内容を厳密に検討することなく、安易に単式簿記と訳出してしまったのがそもそもの誤りの始まりである。この誤訳が、その後のわが国における簿記の生成史に関する大きな誤った解釈を植え付けることになった。詳しくは、参考文献に挙げた拙稿「『単式簿記から複式簿記』への再再考」を参照してもらいたい。

繰り返しになるが、わが国で一般にいわれているいわゆる単式簿記は、一七世紀にデフォーによって提案された複式簿記の不完全な簡便法で、本来的には損益計算を目的としない単なる交互計算、すなわち債権債務の残高計算のための記録に過ぎないのである。したがって、このシングル・エントリーは、内容を考えずに単に語呂合わせで単式簿記と訳すのではなく、内容を正確に理解した上で簡易記帳、単純記帳とでも訳出すべきであった。本来のデフォーやハットンが提唱したシングル・エントリーは、損益計算を目的とする簿記ではなく、単なる債権債務の残高を計算する目的の不完全な複式簿記に過ぎない記帳法なのである。後年、ハットンの死後トロッター版が出版され、そこでは損益計算がなされているのはすでに述べた通りである。

『帳合之法』二編本式の内容

『帳合之法』の二編本式の三巻の冒頭の訳語説明で、初編略式で述べたシングル・エントリーを略式と訳しているがその後で「単記」と訳すもよしとし、続くダブル・エントリーを本式と訳した上で「復記」と訳すもよしと記している。これとの関連でダブル・エントリー・ブックキーピングを複式簿記と訳出したため、シングル・エントリーをその後にブックキーピングをつけて、単式簿記と訳出したのは無理からぬところである。この場合、複記は複式簿記で構わないのだが、単記が単式簿記にならないのが、簿記の厄介なところである。

二編本式は、三巻と四巻があり、三巻は初めに惣論で重要な原語の和訳を示し、次いで勘定の意味を説明し、日記帳、清書帳（仕訳帳）、大帳（元帳）の具体的な記帳例を示している。その後で、平均之改（試算表）や元手と払口（資産・資本と負債）に利益と損亡（損失）を説明している。四巻は訳者の付言で始まり、日記帳、清書帳、大帳の記帳例を示し。平均之改で記帳の正否を検証し、最後に平均表（貸借対照表）を作成して現時点での資産、負債と正味財産を表示し、複式簿記の体系を説明している。

ただし、『帳合之法』の原本『ブライアント、ストラットンの一般学校簿記』が出版される一八七一年は、シングル・エントリーについて明確に述べたハットンの第二版の出版（1766）よりもずっと後のことであり、元帳から債権債務の残高を計算し、仕訳日記帳から売残商品を現金出納帳から現金残高を求めて期末の純財産額を求め、期首のそれと比較してストックの側面から利益を求めたトロッター版（1840）よりもさらに三〇年以上も後のことである。繰り返しになるが、デフォーやハットンのオリジナルな著作で説かれたシングル・エントリーでは損益計算はできないが、トロッター版のように後に改良されたシングル・エントリーでは、財産法的に損益の計算が可能になっている。そこでは、日常会計は複式簿記で記帳しながらも帳簿締切時には残高勘定に債権と債務しか転記せず、単に交互計算が行われているに過ぎない。それでは役に立たないため、ブライアント、ストラットンは、残高勘定を締め切った後で、ハットンと同様の工夫を加えて利益を算出している。決して単式簿記ではなくあくまでも不完全な複式簿記であり、その簡便法に過ぎないのである。そのため、『帳合之法』の初編略式でも利益が表示されている。

『帳合之法』の原本『ブライアント、ストラットンの一般学校簿記』でも、ハットンのトロッター版と同様、元帳で求めた債権債務の残高に補助簿から求めた現金や売残商品等を加減して、ストックの側面から利益を算出している。シングル・エントリーで記帳した元帳から自動的に損益を算出できるような錯覚を与えている。しかし、『帳合之法』の初編略式で説かれている記帳法は、あくまでもシングル・エントリー（単純記帳・簡易記帳）による記帳法の解説であり、多くの人が理解しているいわゆる単式簿記の説明ではない。注意を要するところである。

また、イタリア式簿記における日記帳が仕訳帳と合体して、仕訳日記帳（現在の仕訳帳）となり、三帳簿制（日記帳→仕訳帳→元帳）から二帳簿制（仕訳帳→元帳）に転換する過渡期でもある。そのため、ブライアントの原本では、まだ日記帳が使われている。

福澤諭吉誕生の地福島と九州中津

福澤諭吉（1835－1901）は、天保五年に大坂の堂島、現在の福島で中津藩の下級武士福澤百助の次男として誕生するが、翌年の父親の逝去によって九州豊前の国中津に帰る。幼少時代をそこで過ごすが、一九歳（1855）の時に長崎に行き蘭学を学ぶ。二〇歳を超えた頃、大坂に出て緒方洪庵のもと適塾で蘭学を深めオランダ語に精通する。嘉永六年（1853）の黒船来航で日本中が大騒ぎになっていた頃、適塾で学んだ知識を持って安政五年（1858）に江戸に出ていく。しかしそこでは、すでに世界の覇権は、オランダからイギリス、アメリカへと移り、オランダ語では役にたたず、英語の習得に力をそそぐことになる。安政六年（1859）に日米修好通商条約の批准のために使節団をアメリカに派遣することになるが、福澤は、咸臨丸に乗船してアメリカに渡る。その後の福澤の活躍は、皆の知るところである。

大阪の福島にある朝日放送の社屋の南端の堂島川沿いに、諭吉の生誕と中津藩の蔵屋敷後の記念碑が建てられている。一度足を運んでみるのも良いかもしれない。浪速の豪商淀屋の屋敷跡の碑も御堂筋の淀屋橋、土佐堀川沿いに建てられている。最近の福島界隈は、グルメ通にとっては魅力ある場所である。

また、福澤が幼少時代に過ごした大分県中津市は、すぐ東に宇佐神宮や少し足を延ばすと磨崖仏で有名な国東半島の臼杵があり、南に行くと紅葉が美しい耶馬渓もある。宇佐神宮は、第一五代応神天皇を御祭神とする日本国中に四万社もあるといわれる八幡さんの総本宮であり、石清水八幡宮や鶴岡八幡宮と並んで日本三大八幡宮の一つである。さらに南東に下ると、焼物好きにはこたえられない民芸で有名な一子相伝の小鹿田《おんた》焼の里がある。現在は九軒の窯元が残っている。また温泉好きの

福澤諭吉生誕の地と中津藩跡地の碑

一子相伝の小鹿田焼の窯元

人には、言わずも知れた別府温泉に湯布院がある。大分巡りには、いずれの箇所も欠かせない所である。

3　実務界に浸透した『銀行簿記精法』とその後の簿記書

『銀行簿記精法』が果たした役割

福澤の『帳合之法』が複式簿記の教育上の普及の側面から大きな影響を及ぼしたのに対して、実務の側面から影響を与えたのがアレグザンダー・アラン・シャンド（1844–1930）である。彼は、スコットランド北方東海岸のアバディーンに生まれ、在日中の明治五年（1872）に大蔵省の御雇外国人として新政府に抱えられる。以後明治一一年に退官するまでの約一〇年間在日することになる。在日中に口述訳書『銀行簿記精法』を出版するが、これが実務界に与えた影響は、非常に大きいといわれている。『帳合之法』初編が出版されるのは明治六年六月であり、シャンドの『銀行簿記精法』全五巻は、それに遅れること半年の明治六年（1873）一二

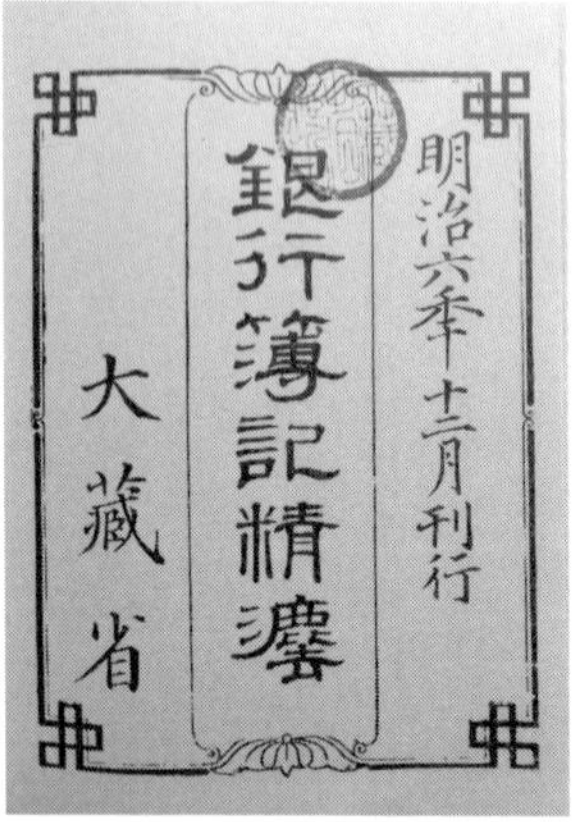

シャンドの『銀行簿記精法』

月のことである。そのため、福澤の方が半年ほど早いように思われるが、『帳合之法』の初編は複式簿記ではない略式の解説であるため、厳密な意味で複式簿記について紹介したわが国最初の簿記書としては、かなりマニアックな説明になるが、『銀行簿記精法』ということになる。

それはさておき、シャンドの簿記書は、近代的な銀行制度の構築のために大蔵省が肝いりで編集刊行した実務書である。その目的は、明治新政府の欧米先進国の産業、経済、制度、法律等に関する最新のシステムや技術の導入の一環にあった。とりわけ、経済や金融の振興策としては、それらを実質的に支える会計制度や複式簿記の新たなシステムを定着させるための方策が急務であった。時の政府は、わが国で固有に進化を遂げた和式帳合法では汎用性に欠けると判断し、それに代わる統一的で汎用性の高い複式簿記の導入・普及が先進諸国に追いつくための最善で最短の方策であると考えたのであろう。

『銀行簿記精法』の効果

複式簿記を導入するためには、一つの方法として、複式簿記に詳しい外国人を簿記方として雇い入れ、現場で彼らに直接帳簿を付けさせると同時に、補佐のために日本人を置き、彼らにその記帳法をしっかりとマスターさせることが肝要になる。具体的には大阪の造幣寮（貨幣の鋳造）でポルトガル人V・E・ブラガ（1840-1911）を雇い入れて、日本人に複式簿記による記帳法を指導させている。彼のもとで学んだ造幣寮の計算課長三島為嗣（1837‐1880）は、その成果を毛筆のとじ本二冊にまとめ、明治十年（1877）以降に『造幣簿記之法』として出版している。

他方、紙幣寮（紙幣の印刷）では、シャンドが『銀行簿記精法』を出版し実務界に大きな影響を与えたのは、すでに述べた通りである。明治六年（1873）に開業の第一国立銀行は、シャンドの『銀行簿記精法』を最初に適用している。

シャンドの『銀行簿記精法』は、第一国立銀行で実施することを目標として編纂され、その後に設立された多数の国立銀行も、すべてがシャンド・システムを採用している。銀行制度の設立に法的な基礎を与えたのが国立銀行条例（明治六年）であり、これに関わったのが、井上薫、芳川顕正、渋沢栄一といった明治初めの実務界を牽引した錚々《そうそう》たるメンバーであった。シャンドの簿記は、その後に改良が加えられ、シャンド式簿記ないしはシャンド・システムとして、明治六年以降昭和四〇年代の初期に至るまで、銀行だけではなく多くの商工業者の間にも用いられていた。必ずしもシャンド自身の提案ではないが、シャンド・システムとして定着した伝票式簿記法は、広く実務界に受け入れられていった。

シャンド式簿記の具体的な記帳方法については、かなり複雑になるため、ここでは省略する。詳細な解説書も沢山出版されているので、興味のある人は、参考文献に挙げている著作を読んでもらいたい。現在、シャンド夫妻は、残念ながら私は行ったことはないが、ロンドンの東南サリー州のブルックウッドにある墓地に静かに眠っている。

新たな「学制」における簿記教育の普及

江戸時代に用いられていたわが国固有の帳合法は、それぞれの商家にとって門外不出の極秘事項であって、欧米のように学校で広く一般に教えられているものではなかった。各商家によって異なった方法で記帳されていた。したがって、担当した簿記方の能力というか簿記センスの違いによって、大きく異なっていたのである。そのため、必ずしも大規模な豪商の帳簿が優れていて、小さな店《たな》の帳簿が劣っていたというわけでもない。寺小屋で、読み書き算盤は教えられていたが、イギリスのアカデミーやグラマー・スクールとは異なり、実学としての簿記や商業数学が教えられることはなかった。ただ、和算は、一種の遊芸として三味線や踊りと同じようなお稽古事として教わっていたようである。今でも、各地の天満宮にお参りすると、休憩所に、幾何の面積や長さを求める問題が絵馬として掛けられているのを見ることができる。

そういった点では、明治五年（1872）に文部省が学制を引いて、その教科の中に記簿法（複式簿記）を取り入れたのは、まさに画期的というか卓見であったといえる。それ以降、欧米の簿記・会計学の翻訳書やそれらにもとづいて書かれた簿記・会計に関する教科書や解説書が数多く出版されることになる。

その嚆矢をなした代表的な翻訳書が福澤諭吉の『帳合之法』とシャンドの『銀行簿記精法』であったのはまぎれもない事実である。両書が明治初期のわが国の複式簿記の発展に多大な影響を与えたのはいうまでもない。その背後には、明治初期のわが国の発展に欧米の大きな影響があったことも見逃すことはできない。『帳合之法』の原著者がアメリカ人であり、シャンドはイギリス人、また造幣寮勘定役のブラガは、ポルトガル人であった。

もう一つ忘れてはならないのが、明治五年(1872)に公布された近代教育のための「学制」の制定である。すでに見てきたように、わが国固有の帳合法は、各商家の門外不出の秘伝であったため、せっかくの優れた記帳法も広く普及することはなかった。しかし、新しい学制は、そうした状況を大きく変革し、新しく設置された学校で同じ内容の簿記を誰もが学べるようになった。この学校教育制度に大きな貢献をなしたのが、アメリカ人教師のM・M・スコット(1843-1922)である。新たな学制において、小・中学校の教科として記簿法(簿記)という科目が新設される。その記簿法の教科書を執筆したのがC・C・マーシュ(1806-1884)なのである。

明治期に相次いで出版された簿記書

当時明治新政府は、洋式簿記の普及を進めるため、マーシュの一八七一年にアメリカで出版された『単式記帳簿記の実務講座』と『複式簿記学』を原本として、『馬耳蘇氏記簿法 一』・『馬耳蘇

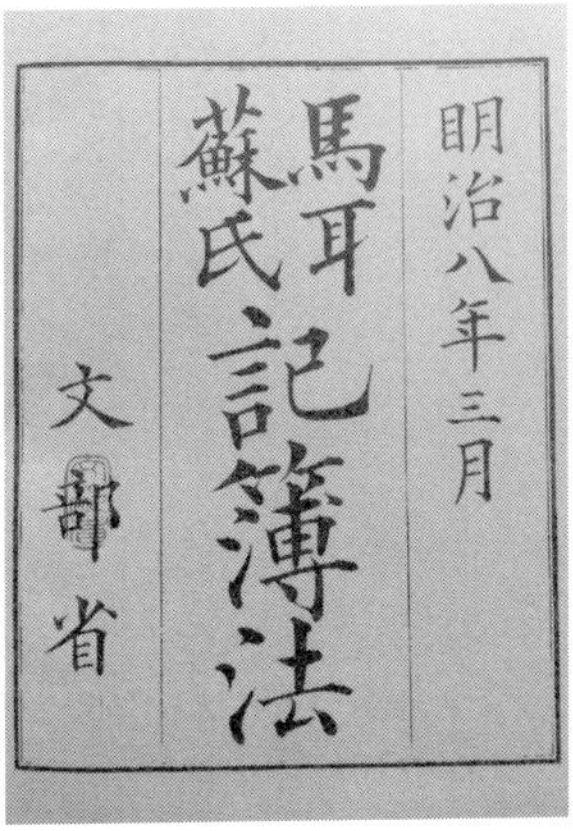

『馬耳蘇氏記簿法』

氏記簿法二』を明治八年（1875）の三月と一〇月に、そして翌年の明治九年に『馬耳蘇氏複式記簿法上・中・下』として小林儀秀に翻訳出版させている。本書は、明治一一年（1878）までに数十版を重ねている、福澤とシャンドの簿記書に次いで最も普及した簿記書といわれている。ただ本書は、内容的にはシャンドとは異なり、実務書としてではなく学校での洋式簿記（複式簿記）の教育と普及のために出版された教科書であった。

その他にも、明治九年（1876）の栗原立一『記簿法独学』、明治一一年（1878）の宇佐川秀次郎訳『日用簿記法』、同年の森下岩楠・森島修太郎共著『簿記学階梯上下』、明治一二年（1979）の鍋倉直『国立銀行簿記一班　第一編・第二編合巻』、明治一三年（1980）の飯塚武『普通小学帳合法』、明治一九年（1886）の海野力太郎訳『簿記学起原考』等々がある。まるで一七、一八世紀のイギリスを想起させるほど、夥しい数の簿記書が相次いで出版されている。

なお、会計の歴史について論述したわが国最初の文献は、明治一一年（1878）に出版された曾田愛三郎編輯『學課起源畧説』である。『帳合之法』出版の僅か五年後には、そのほとんどが実学としての有用性を説いた会計書であったが、それでも歴史の重要性は、しっかりと認識していたのであろう。こうして、明治期には国をあげて、欧米に追いつけ・追いこせ政策による富国強兵を実現するため、経済の根幹を支える企業の会計システムの立て直しから手をつけ、今日のわが国経済の基盤を築き上げていった。

今日の会計の主要な役割は、企業を取り巻く利害関係者、とりわけ株主に彼らの意思決定に有用な企業財務や経営成果に関する情報を提供することにある。問題は、有用な情報は、提供する相手によって大きく異なってくるということである。いわば、会計は、何処に向いて情報を発信していくかである。この点が最も重要になる。ごく一部の、株価の値上がりや利益の極大化のみを期待して投資をする株主に提供する財務情報と多くの一般の安定した配当や企業の成長を支援して投資する株主に提供するのとでは、同じ財務情報といえども、その情報の中身に大きな違いが生じてくる。その住み分けをどのようにしていくのか、どのようにバランスを取っていくのか。現代会計は、今まさにその点が問われている。ただ言えることは、特定の大株主にとって有用というのではなく、誰もが信頼できる情報を提供することが重要になる。事実にもとづく正確で客観的な信頼できる情報の提供、これが会計学の本来の役割なのである。

エピローグ：新たな地平の先に

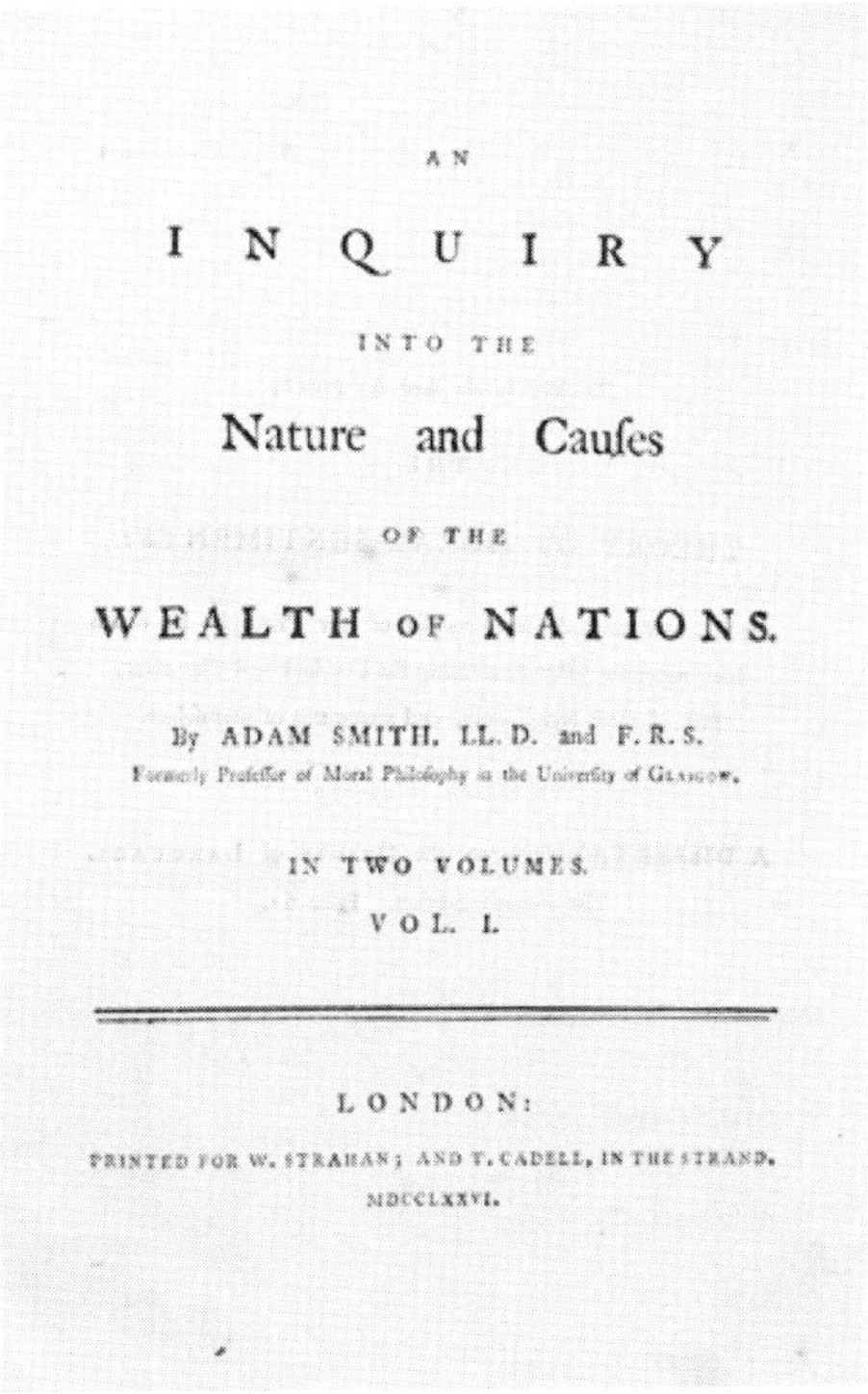
AN

INQUIRY

INTO THE

Nature and Caufes

OF THE

WEALTH OF NATIONS.

By ADAM SMITH, LL.D. and F.R.S.

Formerly Profeffor of Moral Philofophy in the Univerfity of GLASGOW.

IN TWO VOLUMES.

VOL. I.

LONDON:

PRINTED FOR W. STRAHAN; AND T. CADELL, IN THE STRAND.

MDCCLXXVI.

会計の原点に立ち返る

会計が誕生し今日に至るまでの八〇〇年という悠久の時を旅してきた。そこで到達した結論は、会計が何のために誕生し、社会に対してどのような役割を果たしてきたかを教えてくれたことである。答えは、信頼であった。

二〇一九年に発出した新型コロナ（Covid-19）は、様々な変異株に姿を変えながら、瞬く間に世界中に拡散し、われわれの生活を破壊し、死の恐怖に直面させた。コロナを終息させる一番の対処法は、人と人との交わりを断つことだという。しかし、それでは、人の社会が壊れてしまう。人は、決して一人では生きていけない。経済活動がどれだけ深くわれわれの生活と関わっているかを、どれだけ大切であるかを思い知らせたのがコロナ禍であった。二〇二一年を迎え、わが国でもようやくワクチンの接種が始まった。終息への期待が見えてくるのであろうか。

ただ、今回の新型コロナで明らかになったもう一つのことは、コロナによって最大のダメージを受けたのが、経済的弱者であったことである。二〇世紀後半から二一世紀にかけて世界を席巻した金融資本主義は、富の一極集中を生みだし、富める者をますます豊かに、貧しき者はますます困窮に追い込む構図を生みだした。ピケティの分析によると、もしここ数十年のアメリカで見られる富の一極集中が続くと、トップ一〇％の富裕層がすべての富の七二％を有し、最下層五〇％は、僅か全体の二％しか所有できないことになるという。また、斎藤幸平は、朝日新聞のデジタル版

(2019/1/22)を引用し、世界で最も裕福な資本家二六人の資本が世界人口の半分を占める貧困層三八億人の総資産を独占しているという。生活実感としても、その差の大きさはいやがうえでも感ぜられる。

こうした富の偏在が多くの犯罪の引きがねとなって、窃盗や殺人、あるいは差別の原因になり、ひいては地域間の紛争や戦争の要因にもなる。それだけではなく、これまではごく普通に生活していた人たちが、新型コロナによる売上の激減を理由に、非正規や派遣というだけで解雇され、蓄えもないままにたちまち経済的困窮に陥ってしまう。こうした不条理が、当然のようにまかり通ってしまっている。

経世済民、「国を治め、民を救う」という経済学が金融資本主義によって、今まさに壊されようとしている。この経済の根本を構成しているのが会計学なのである。誤解を恐れず言うならば、その元凶の一因になっているのが有用性や目的適合性という用語で装備された現行の様々な会計制度や基準にあるといえば、言い過ぎであろうか。

国際化という美辞に惑わされる会計学

加えて、国際化という名の下に、わが国の会計基準は、有用性や目的適合性を基軸にする国際会計基準に包括され、それと同化する方向で進んできた。国際基準の根差すところは、金融資本主義のもとで、特定の大株主や機関投資家としてのヘッジ・ファンドの要求に応えるための有用な情報を提供するところにある。もちろん、有用な情報を提供すること自体に問題があるのではない。問題は、誰にとって有用な情報なのかである。それが、ある特定の極めて限られた大株主にとってのみに有用な情報であるなら、それが問題なのである。その人たちが要求する、その人たちにとってのみ有用な情報ならば、そんな情報を提供することは、会計が本来果たすべき役割ではない。

彼らの関心は、事実にもとづく客観的で正確な信頼できる情報よりも、将来どれだけのキャッシュ・イン・フローを企業にもたらすかという未来情報にある。瞬時にしてどれだけ多くの利益を獲得できるかにある。期待と予測にもとづく不確定な情報に関心があるのである。しかし、思い出して欲しい、フィレンツェやヴェネツィアの美しい風景と共に、複式簿記が誕生した当初の役割を。会計学の損益計算構造を支える複式簿記は、金銭の貸借に伴うトラブルが生じた時の文書証拠、債権債務の備忘録として発生したのであった。公正証書の代わりとして、裁判になった時の証拠書類として用いられたのである。まさしく、取引記録の正確性と信頼性を担保して誕生したのが会計である。この取引記録に対する信頼性こそが会計の原点であることは、会計の歴史を紐とく時、明々白々になったといえる。会計の旅を終えるにあたり、ここでもう一度、会計学の原点が信頼性にあったことに立ち返ってもらいたい。

信頼性の担保のために

　では、会計情報の信頼性を担保するためには、何が必要になるのか。その答えは、繰り返し述べてきたように、日々の取引を事実にもとづき、正確に記録することにある。この正確性を担保するために最初に思いついたのが、神に誓うことであった。やがて、簿記による記録が公正証書と同程度に信頼できるようになった時、会計の信頼性は、市民権を得ることになる。

　しかしながら、今日でもしばしば社会を震撼させるほどの会計不正が新聞やテレビで放映される。会計だけではなく、最も襟を正さなければならない政治の世界でも、悲しいかな、日常的に信頼を揺るがす不正行為が報道されている。こうした行為を防ぐためには、何よりも先ず経営トップや治世者の倫理観がなければならない。倫理観、すなわち共存のための規範であり個々人の価値観である。残念ながら、この倫理観をすべての人に期待することは難しいことかも知れない。なぜなら、民主主義社会では、個人の私権が尊重されなければならないからである。そのため、法律による強制的な規制は、最小限に抑えられるのが好ましいのは言うまでもない。しかし、個人の倫理にのみ依存するには、限界がある。その点は、今回のコロナでいやというほど知らされた。緊急事態宣言下にも拘らず、夜遅くまで飲み歩き、公園や路上で大声ではしゃぐ人の姿がテレビで放映されるのを見ると、私権や自由のはき違いを感ぜざるをえなくなる。

　そこで仕方なく、できる限り最小限の範囲で、社会のルールを決める必要が生じてくる。それが法律であり、制度や基準であり、原理原則である。それぞれの分野における約束事なのである。こうした上からの強制力を持った押しつけは、最小限に止めるのが好ましいのは、言うまでもない。民主主義国家なのであるから。ところが、この基準や原則が限られたある特定の裕福な人たちにとってのみ有用で便益を与え、多くの一般の経済的弱者にとって時として有害になるようなものであれば、そうした原則や基準は、直ちに廃棄され、新たな基準設定が待たれることになる。

有用性と信頼性の狭間

何が真に大切なのか、この答えを教えてくれるのが、歴史である。本書で会計の誕生の地を共に散策して感じてもらえたと思うが、会計の原点は、信頼性にあった。繰り返しになるが、会計の損益計算構造を支える複式簿記は、金銭の貸借に伴うトラブルを避けるために、公正証書の代わりとして誕生した文書証拠であった。したがって、そこで求められる役割は、取引を正確に記録し、記録の信頼性を担保することである。その精神は、現在でも何ら変わりはない。

それに対して現代会計は、投資家の意思決定に有用な情報を提供することを第一目的としている。そこで重要になるのは、信頼性よりも有用性である。しかも、その有用な情報は、金融資本主義のもとで、企業の健全な成長を願い、ささやかな配当と株主優待を期待して投資する多くの一般の株主のためではなく、短期的な投機利潤を目的としたヘッジ・ファンドに代表されるごく一部の大株主のために有用なものになってしまった。そこで求められる情報は、過去一年間や半年でどれだけの利益を獲得したかではなく、近未来の企業価値がどう変わるか、したがって株価がどのように変動するかにある。その結果、企業が提供する情報は、事実にもとづく客観的で信頼できる内容よりもむしろ、予測と期待に満ちた瞬間瞬間の株価の変動にもとづく企業価値、不確定な未来情報へと変容していくことになる。待ち受けていたのは、大資本を有する投機家や大株主が莫大な利益を手にし、貧富の差がますます拡大し、貧困から生じる犯罪や差別や紛争が日常茶飯事のように世界の何処かで生じている現状である。

もし、こうした原因の一つに、例え間接的であるにせよ、会計学が関与しているのであれば、何としても改善しなければならない。会計に携わる者の責任は大きいと言わざるをえない。

社会との共存を目指す会計学

近年よくサステナビリティとかＳＤＧｓ（持続可能な開発目的）という言葉を耳にするようになってきた。サステナビリティというのは、持続可能な社会を目指して、地球温暖化による様々な矛盾が噴出している状況下で環境と社会と経済のバランスをどのように保っていくのか、人間社会と自然環境をどのように調和させていくのかといった地球全体のことについて考えていくことである。いわば、今日の行き過ぎた金融資本主義や新自由主義（市場原理主義）といわれる経済システムの制度矛盾を転換させる大きな力にしていこうとする考え方である。今日の利益至上主義を見直すための一つのキーワードとして、付加価値（総生産額から原材料費や燃料費や減価償却費を差し引いた額）という利益観も再び取り上げられてきた。この問題は、すでに半世紀以上も前から検討されている。しかし、行きつく先は、分配の問題である。獲得した利益を誰にどれだけ分けるのか、いわば利益の取り合いが待っている。これを解決しない限り、絵に描いた餅で終わりかねない。

またESGという言葉も耳にするが、これは、環境（Environment）、社会（Social）、ガバナンス（Governance）の頭文字を取ったもので、この三つの要素が企業や社会の持続的な成長にとって重要であると位置づけている。地球温暖化や経済的格差の増大や企業の不祥事の増加による社会的な影響を企業経営にも取り入れて、社会の健全な発展に関与していこうとする考え方である。ついこの前までは、CSR（企業の社会的責任）という言葉を耳にしたが、単に会計や経営だけではなく、もっと広く、地球的規模に立って企業の社会的責任を捉えていこうというのがこうした新しい動向である。その結果、政治の世界においても、信頼される制度づくりや各自の倫理観が問われることになる。

脱資本主義のもとでの会計学の在り方

しかしながら近年、こうしたサスティナブル（持続可能）な社会を実現することによって資本主義を持続させていこうとする考え方に対して、ＳＤＧｓは、所詮地球の破壊を推し進める資本主義の延命のための大衆のアヘンに過ぎないとする考え方が生じてきた。前者は、経済成長と環境に与える負荷を切り離して、経済を成長させても新技術の開発等で二酸化炭素の排出量を規制する「デカップリング」によって資本主義を支えていこうとする考え方である。それに対して後者は、いくら技術革新が進んだとしても、経済成長による利潤の拡大志向を目指す資本主義経済の下では、温暖化現象をストップさせ、脱炭素社会を実現するのは不可能であるとする考え方である。この考えが、脱資本主義を標榜する新マルクス主義といわれる新たな経済思想である。この立場によると、ＳＤＧｓの考えは、人類が地球の地質や生態系や気候に重大な負の影響を与える地質学上の新たな世界を指す「人新世《ひとしんせい》」（通称アントロポセン）と呼ばれる時代においては、所詮、富の偏在を増大させ多くの矛盾を膨らませる変容した資本主義を温存させるだけに過ぎなくなる。

今日の資本主義それ自体が人間社会を壊しているというのである。脱資本主義、脱成長こそがわれわれのそして地球の生き延びる道だという。それが「コモン」（生産手段の私的所有や国有ではなく水平的な共同管理）という新たな社会システム作りの提案であり、人が生きていく上で欠かすことができない水・エネルギー・住居・医療・教育といったものを公共財として捉えていこうという新マルクス主義の基本的な考え方である。

この脱資本主義の主張は強烈であるため、大きなインパクトを与えるが、資本主義の抱える矛盾を自覚しながらも自由と民主を尊重し、新たな資本主義を模索していこうとする考え方もある。SDGsを前提にしながら自然を大切にし、緑に囲まれた社会を前提した経済成長を目指す主張である。自然の環境を破壊することのない行き過ぎた経済成長にストップをかけながら、繁栄する社会を目指す考え方である。いわば、行き過ぎた資本主義のデメリットと脱資本主義のデメリットを天秤にかけ、従来のSDGsを止揚した新たな社会経済体制作りの道も存在しうる。CCUS（二酸化炭素回収・利用・貯蓄）もそうした道の一つなのかも知れない。

こうした時代、こうした多様化する社会において、果たして会計学は、どのような存在であり、どのような役割を果たすことができるのであろうか。しっかりと向き合っていかなければならない大きな宿題である。

現代は、コロナ禍によって様々な矛盾が鮮明化された。まさにカオスの時代の到来である。古典学派に位置する「見えざる手」のスミスなのか、有効需要の創出と所得の再分配を説くケインズか、あるいは新古典学派のハイエクやマネタリズムのミルトン・フリードマンか、それともグリーン・ニューディールといわれる気候ケインズ主義か、はたまた脱資本主義を掲げる新マルクス主義なのか。経済学の在り方が根本から問われている。その根幹を形成している会計学のあり方もまた同時に、問われなければならい。しかし、会計学の分野では、そんなことには頬被りを決めこみ、ただひたすらに利潤の極大化を目指す国際化の流れに乗っかっているだけに過ぎないのではなかろうか。

それでは、会計学が壊れてしまう。有用どころかむしろ有害にすらなってしまう。今この時点で立ち止まり、すぐさま再考を始めなければならない。この点については、本話の最後で述べるように、私は、現行会計制度の理論的支柱になっている意思決定有用性アプローチに換えて財務情報信頼性アプローチを情報提供機能の中心に据えることを提案している。

情報価値は信頼性にかかっている

こうした状況下で、今日の会計学に求められるのは、正確な意思決定を行うための事実にもとづく客観的で正確な信頼に足る情報の提供である。包み隠さぬすべての情報の開示が大前提である。都合の良い情報だけを提供し、不都合な情報は隠してしまう。そんな情報は、決して誰からも信頼を得ることはできない。あくまでも、情報の根幹は、誰によっても検証可能な客観的で事実に裏づけされた信頼性にある。この信頼性を有用性という名のもとで片隅に追いやった情報では、決して真に有用な情報にはなり得ないのである。

会計情報の中心は、損益情報である。一年間であるいは半年間でどれだけの利益を獲得したかの情報である。この情報にもとづいて、利益が出資者をはじめ経営者、労働者、そして企業に関わるすべての人にも分配され、社会に還元されていくことになる。コロナ禍においても二〇二一年三月期のソフトバンクが四・九兆円、トヨタが二・二兆円、ソニーが八〇〇〇億円、任天堂が三〇〇〇億円の純利益を出したというが、問題はその配分の行先である。経営者や株主たちだけで分け合い、また単に内部留保として積み立てられて、一般の従業員は、ほとんど恩恵を受けることがないのであれば、利益を出した意味がなくなる。一体、誰の努力のおかげなのであろうか。利益の適正な分配を考えることは、会計倫理と共に、会計学にとって極めて重要な課題である。金融資本主義下でますます拡大していく貧富の差に歯止めをかける一つの有用な方策といえよう。

利益の分配にとって何よりも重要なのは、誰もが納得できる信頼性が担保されていることである。ある特定の人だけが突出した便益を受けるような不公正な分配では、話にならない。会計学にとって重要なのは、事実にもとづく客観的で正確な信頼できる情報を提供することであるが、それだけに止まらず、獲得した付加価値の適正な分配、配当と役員の給料や一般社員の給料との配分比率の問題である。わが国においても一部の業界でみられた、一般の社員の年収が五〇〇万円か六〇〇万円程度であるのに、経営トップの年収が三〇億円もそれ以上もあるというのは、どう考えて不合理である。それも六〇〇万円というのは、正社員の年収であり、派遣社員や非正規社員では、四〇〇万円以下ともいわれている。欧米先進国では、その格差はさらに激しいという。一億総中流といわれていた時代が懐かしい。

こうした社会矛盾の解決の手助けになるのが会計学の役割である。その誕生以来八〇〇年という悠久の時を紡いできた会計学における信頼性は、会計学の計算構造を支えている複式簿記を誕生させた原点であり、したがって、簿記会計という学問に本質的に備わっている根幹であり、いの一番なのである。これを置き去りにしては、会計学は、決して成立しないばかりでなく、存在意義そのものがなくなってしまう。有用性とか目的適合性という言葉は、決して会計学が目指すところではない。客観的で何時でも誰もが検証可能で信頼できる情報を提供することこそが会計学の本来の役割なのである。それを教えてくれるのが歴史である。

会計学のあるべき姿

会計学は、経済事象を認識し、測定し、伝達するプロセスであり、その中心的な役割は、英語でアカウンティングと言われるように、企業の経済状態を株主に代表される利害関係者に説明する行為、すなわち報告にある。その報告内容の中心は、企業の損益の状態にある。企業が経済活動においてどれだけの利益を獲得し、その成果をどのように分配したかについて、事実にもとづく客観的で信頼できる情報を提供するのが会計行為であり、会計学の役割なのである。

この人の世の経済活動を分析する経済学の分野では、今日の行き過ぎた金融資本主義ないしは市場原理主義、株主資本主義といわれる経済体制の下で生じてきた富の一極集中による貧富の差、それにもとづく貧困による差別や犯罪、あるいは紛争による矛盾が一層拡大してきている状況に批判というか見直しの主張が数多く登場してきている。それだけではなく、経済発展という名の下で、生産性の向上や効率性ばかりを重視する利益至上主義の考えが地球規模での環境破壊を生じさせ、二酸化炭素の排出による温暖化現象によって想像を超える自然災害を多発させている。こうした状況に、今地球は、大きな悲鳴をあげている。

とりわけ数年前から、経済学の分野ではこうした現状に危機感を覚え、行き過ぎた資本主義のあり方を批判し是正を提案する書が数多く世に問われ、わが国でもそれらの翻訳書が町の書店に並べられている。もちろん、わが国の経済学者による書も然りである。会計学の分野でも、先に述べたように、会計倫理やＳＤＧｓに関する研究も僅かながらも散見されるようになってきた。経済成長と環境に与える負荷とを切り離して、経済が成長しても環境に負荷を与えない、すなわち経済が成長しても新技術の開発によって二酸化炭素の排出量を増やさないという「デカップリング」や二酸化炭素を分離し貯えて、ドライアイスや舌癌の治療薬に利用しようという考え方ＣＣＵＳも登場してきた。しかし、いくら技術革新が進んだとしても、経済成長を前提とする限り、絶対的な二酸化炭素の排出量を削減し、温暖化現象をストップさせることはできないとする脱資本主義を掲げる新マルクス主義（市民参加型社会主義）も登場してきている。

最大の問題は、富の偏在を生み出し、貧困や差別の元凶になっている金融資本主義、市場原理主義の根本を支えている現行の会計制度や基準設定に異議を唱え、修正を提案する動きが皆無に近いことである。哀しいかな、ただ単に国際化の流れに乗って、現況の利益至上主義のシステムに乗っかった国際会計基準や公正価値会計の解説書や国際基準へのコンバージェンス（収斂）やエンドースメント（承認）を前提にした解説を展開させるばかりである。

会計歴史紀行の終わりにあたって

グローバリゼーションが進行する過程で、現代会計学は、提供する情報の中身を、信頼できる情報から投資意思決定に有用な情報の提供に変容させてしまった。金融資本主義のなせる技であろうか。会計が誕生した時の原点を忘れてしまったのである。有用であれば何でもいいという発想が、歴史が教えてくれる会計のいの一番を忘れさせてしまったように思えてならない。今一度原点に立ち戻り、会計の社会に果たす役割を再認識することが何よりも必要と思われる。

私は、こうした意思決定有用性や目的適合性を基軸にした意思決定有用性アプローチに代わる基準として、開示情報信頼性アプローチという考え方を提唱した。興味のある人は、参考文献に挙げた拙著『原点回帰の会計学―経済的格差の是正に向けて』を参照してもらいたい。すでに述べてきたが、こうした問題は、資本主義それ自体が抱える矛盾であり、それを乗り越えていくためには脱資本主義しかないという主張もある。何故なら、資本主義は、利潤を獲得するために、環境への負荷を外部に転嫁し、自然や恵まれない人から収奪を繰り返してきたからだという。こうした主張については、会計学においても、しっかりと時間をかけて取り組まなければならない大きな課題である。私は、われわれの生活にとって最も大切なものは、民主主義と倫理感を携えた自由主義にあると思っている。ただ、何でもありの絶対的自由ではなく、社会秩序をわきまえた自由と肌の色や宗教や障害を超えた平等は、人にとって社会にとって何にも代えがたいものである。

思いつくままに、ひとりよがりの考えを述べてきたが、そろそろ、本書の旅も終わり近づいてきた。商業資本の誕生と共に歴史の舞台に登場した複式簿記、産業資本の勃興によって進化した会計学、いわばいずれも資本主義の落し子である。温暖化現象によって人類の生存そのものに脅威が突き付けられている状況下で、もし世界が脱資本主義へと舵を切るのであれば、資本主義の落し子である会計学やその損益計算構造を支えてきた複式簿記は、一体どこに向いて歩いて行くのであろうか。炭素社会との決別（脱炭素社会）が急務であるとしても、果たしてそれが直ちに斎藤幸平の主張する脱資本主義・脱経済成長（新マルクス主義・市民参加型社会主義）と結びつくのであろうか。時間はそんなに残されていない。しっかりと向き合っていかなければならない。いずれにせよ、自由や民主が置き去りにされ、リーダーシップが専制と勘違いされる独裁的な社会だけは、何としても避けたい。なすべきことの決定に時間がかかるのが民主主義である。このコストを惜しんでは、われわれが真の自由を手にすることは、決してできない。

せっかく、会計にゆかりのある世界各地の魅力ある街をのんびりと散策してきたのに、本書を締めくくるにあたり、息苦しい内容になってしまった。しかし、このこともまた会計にとっては肝心かなめのことなのでお許しいただきたい。有用性、有用性と実利や目先のことばかりを追いかけていると、ものの本質を見落としてしまう。心が崩壊してしまう。「欲望という名の電車」に乗って非現実的な未実現利益ばかりを追っかけていると、本当に大切なものを見失ってしまう。戯曲の世界ではないが、欲望にかられて墓場駅に着くことのないようにしたいものである。これ以上専門的になり過ぎると、本書の目的でもあるのんびりとした世界をめぐる会計の歴史紀行からは少々逸脱してしまう。そのため、これ以上の深入りは避けることにする。最後まで、独りよがりの散策にお付き合いいただき、厚くお礼申し上げて、本書を締め括ることにする。

あとがき

歴史という深淵なる森に分け入ってはや半世紀もの年月が流れ去った。長い長い道のりであった。が同時にそれは、あっという間の日々でもあった。成すところなく日は暮れていった。そんな過ぎし日を振り返ると、ただ愕然とするばかりである。一体何を求めて歩いて来たのか。何が見えたというのであろうか。単なる無償の反復行為に過ぎなかったのであろうか。歴史の片隅に生きているわれわれに、何が正解なのかわかるはずもない。そんな想いに襲われながらの長い道のりであった。残された時間はわずかであるが、今一度、越し方を振り返って見ることにした。八〇〇年という悠久なる会計の歴史がきっと明日に繋がる道を教えてくれると信じて。史料という杖を片手に、ゆっくりと散歩しながら振り返ってみることにした。そこにはきっと、新たな展望が開けてくると。そんな淡い期待を持ちながら書き下ろしたのが本書である。

ここでのねらいは、欧米の旧跡を訪ねその誕生から今日までの進化のプロセスを辿りながら、会計の本来の役割が何であるかについて明らかにすることにある。一三世紀の初めにイタリアで発生した会計の損益計算構造を支える複式簿記は、一六世紀から一七世紀にフランドル地方やオランダで近代的な方法を考案し、一九世紀を迎えたイギリスで科学としての会計学へと進化する。さらに、アメリカでの熟成を通して、明治を迎えたわが国に伝播され、広く普及していく。その進化のプロセスを追い掛けながら会計学の本質を明らかにすると同時に、それを生みだした魅力ある世界の各地を一緒に旅するのも本書のもう一つの大きな目的である。いわば、会計の歴史にとって忘れることのできない町を読者と一緒に散策し、それを通して会計の果たす真の役割を考えていこうというのである。異文化に触れる魅力を肌で感じながら、会計の本来のあるべき姿を思考してもらえれば幸いである。

ただ、会計という言葉を耳にするとき、多くの人は、もうそれだけで敬遠しがちになる。本書の初めでも述べたが、その最大の要因は、会計学の損益計算を支えている複式簿記の仕訳という厄介な代物にあるのではなかろうか。企業に勤めたことのある人は、会計学や複式簿記の必要性や重要性は十分に認知しながらも、その計算の複雑さと難解さによって、つい敬遠してしまいがちになる。しかし、その誕生や進化の足跡を辿っていくと、思いもかけない面白さに引きずり込まれてしまうこともある。それが歴史の魅力である。加えて、簿記や会計を生みだした町を訪ね歩くと、思いもよらぬ出会いに遭遇し、心ときめかすことがある。目に飛び込んでくる異国の風景や風習に思わずため息し、美味しい食事に舌鼓を打つ。これが旅の醍醐味であろう。本書の目的も、そんな会計にまつわる町の魅力ある個所を一緒に旅することにある。思いもかけない事実が隠されていたり、思いもかけない感動に触れたりすることができるからである。会計誕生から進化の歴史を遡りながら旅することによって、きっと、会計が本来果たしてきた役割が何であったかを知ることができるであろう。

残念ながら、今回の新型コロナやその変異株で、しばらくは、諸外国はおろか日本国内ですら自由に旅行することが難しくなっている。新型コロナを終息させるためには、何よりも人と人との接触を断つことだという。そのために取られた方策は、不要不急の外出自粛であり、夜半は言うに及ばず、夜八時以降の飲食の禁止である。その結果、多くの飲食店やホテル等の経営が危機に面してしまった。さらに深刻なのは、そこで働いていた人たちが職を失い、明日からの生活がたちまち立ち行かなくなることである。経済がわれわれの生活に如何に深く関わっているかを思い知らされたのである。その経済の根幹が実は会計なのである。その関りの本質を掘り下げるために、歴史に立ち帰り、会計を誕生させ、進化させていった世界の各地を訪ね、その魅力に触れながら、会計の本来の役割が何であるのかを問い掛けたのが本書である。

しかし、私たちの生活は、経済だけで成り立っているわけではない。経済は、あくまでもわれわれの生活を支えている一部であって、決してすべてではない。もちろん、生き死に関わるほどの極めて主要な一部ではあるが……。しかし、幸せは、必ずしも経済的な裕福さによってのみ手に入れることができるものでもない。生きていくためには、何よりも，健康でなければならない。コロナは、そのことをしっかりと自覚させてくれたように思える。

そうしたことを考えながら、ステイホームを生かして書き下ろしたのが本書である。できるだけ楽しく分かり易くとの思いから、多くの写真を載せてみた。会計の専門的な説明は、最小限に控え、いつ頃、何のために、どこで会計が誕生し、どのようなプロセスを経て進化し、わが国に伝播されてきたのか書き下ろしたつもりである。そして、何よりも会計を誕生させたそもそもの要因が何であったのかを心に描きながら、会計のゆかりの地を訪ね、ゆっくりと散策することにした。そのため、先に著したいくつかの著書と内容的にはバッティングするところも少なからず見られるが、楽しんでもらえたであろうか。

会計学の役割は、利害関係者に有用な情報を提供することにある。重要なのは、受け取る人にとって有用という言葉が大きく異なってくることである。解釈によって有用性ないしは便益性が異なるようでは、真に有用とはいえない。また、そのような論旨では、科学といえなくなる。全てに共通する有用性や便益性を明確に規定することが求められる。真に有用な情報は、事実にもとづく正確で信頼できるものでなければ意味がない。会計の八〇〇年の歴史を歩いてきて辿り着いた答えが、信頼性であった。信頼性を忘れては、会計は成立しなかったし、また存在意義もなくなるのではなかろうか。このことを今一度しっかりと心に留めて欲しい。これが、長きにわたり会計の歴史を歩いてきた結論である。

ただここに至って、大きな問題が出てきた。これまで見てきたように、複式簿記は、商業資本主義の勃興と共に誕生し、産業資本の形成と共に科学としての会計学へと進化した。資本主義の根幹でもある利潤追求の計算手段として機能してきた。いわば資本主義の落し子である。しかし、この利潤追求という際限のない欲望が今日の金融資本主義のもとで、極度の貧富の差を生みだし、経済的格差による差別や暴力や犯罪を生みだしてきた。地域間や国家間の価格差や資本増殖が自然界の環境に与える負荷を外部に転嫁した結果、民族や国家間の争いを生じさせた。それにもまして深刻なのは、地球それ自体の存続までもが脅かされている点にある。

こうした現状に危機感を覚え、資本主義そのものが抱える問題を取り上げ、ＳＤＧｓ（持続可能な開発目標）を掲げて、「緑の経済成長」や「成長なき繁栄」を唱える人たちが登場してきた。しかし、それでは決して解決にならないとして、「脱資本主義」を主張する考えも出てきている。こうした様々な地球規模的な経済理念のもとで、会計学は、一体何処に向いて歩いて行くべきか。その方向次第では、存在意義そのものが問われてくることになる。会計学は、社会にとって、人にとって、はたまた地球にとって有用なのかと。歴史が教えてくれる会計の原点、信頼性に立ち帰って今一度考えてみることが重要になる。

もちろん、本書の評価も読者の立ち位置によって大きく異なるものと思う。忌憚ないご批判を待つことにして、筆を置くことにする。

最後になったが、昨今の出版事情の厳しいなか、本書の上梓を快くお引き受けいただいた税務経理協会代表取締役社長大坪克行氏、当初より編集や構成に深く尽力いただいた佐藤光彦氏ならびに編集委員の各位に心から謝意を申し上げる。

二〇二一年盛夏　蝉時雨のなかで

渡邉　泉

参考文献

池上俊一［2018］『フィレンツェ―比類なき文化都市の歴史』岩波新書。

泉谷勝美［1980］『複式簿記生成史論』森山書店。

――――［1997］『スンマへの径』森山書店。

板谷敏彦［2013］『金融の世界史―バブルと戦争と株式市場』新潮選書。

岩井克人［2014］『資本主義から市民主義』ちくま学芸文庫。

臼田　昭［1982］『ピープス氏の秘められた日記―一七世紀イギリス紳士の生活』岩波新書。

ＮＨＫラジオ［2021］『まいにちドイツ語　発明家の国―ドイツ』（一月号）。

大黒俊二［2006］『嘘と貪欲―西欧中世の商業・商人観―』名古屋大学出版会。

大野真弓編著［1973］『イギリス史（新版）』山川出版社。

カー、Ｅ・Ｈ・著、清水幾太郎譯［1962］『歴史とは何か』岩波新書。

片岡義雄［1967］『増訂パチョーリ「簿記論」の研究［第二版］』森山書店。

片野一郎［1977］『日本・銀行会計制度史（増補版）』同文舘出版。

河原　温［2006］『ブルージュ―フランドルの輝ける宝石』中公新書。

河原一夫［1977］『江戸時代の帳合法』ぎょうせい。

岸　悦三［1975］『会計生成史―フランス商事王令会計規定研究―』同文舘出版。

紀平英作編［2019］『アメリカ史 上』山川出版社。

黒澤　清［1990］『日本会計制度発展史』財務詳報社。

小池　滋［1979］『英国鉄道物語』晶文社。

小島男佐夫［1964］『簿記史論考』森山書店。

――――［1973］『簿記史』森山書店。

――――［1987］『会計史入門』森山書店。

斎藤幸平［2020］『新人世の「資本論」』集英社新書。

斎藤寛海［2002］『中世後期イタリアの商業と都市』知泉書館。

サースク、ジョオン著、三好洋子訳［1984］『消費社会の誕生―近世イギリスの新企業―』東京大学出版局。

信太正三［1959］『倫理学講義』理想社。

――――［1969］『永遠回帰と遊戯の哲学―ニーチェにおける無限革命の論理』勁草書房。

――――［1971］『禅と実存哲学』以文社。

清水廣一郎［1982］『中世イタリア商人の世界』平凡社。

シャンド、アレグザンダー・アラン［1873］『銀行簿記制法』大蔵省（雄松堂書店復刻版、1979年）。

慎改康之［2019］『ミシェル・フーコー―自己から脱け出すための哲学』岩波新書。

末永國紀［1997］『近代近江商人経営史論』有斐閣。

高寺貞男［1982］『会計学アラカルト』同文舘出版。

――――［1984］『会計学パラドックス』同文舘出版。

――――［1988］『可能性の会計学』三嶺書房。

――――［1999］『利益計算システムの進化』昭和堂。

田中孝治［2014］『江戸時代帳合法成立史の研究―和式会計のルーツを探求する』森山書店。

玉木俊明［2009］『近代ヨーロッパの誕生―オランダからイギリスへ』講談社選書。

千代田邦夫［1987］『公認会計士―あるプロフェッショナル100年の闘い―』文理閣。

角山　榮［2014］『時計の社会史』吉川弘文館。

長島伸一［1987］『世紀末までの大英帝国―近代イギリス社会生活史素描』法政大学出版局。

中村萬次編著［1978］『原価計算発達史論』国元書房。

中屋健一［1986］『アメリカ西部史』中公新書。

西川孝次郎［1971］『日本簿記史談』同文舘出版。

――［1982］『文献解題日本簿記学生成史』雄松堂書店。

西川　登［1993］『三井家勘定管見』白桃書房。

――［2019］『簿記会計等雑稿―退職記念品』有限会社へイワプリントシステム。

ニーチェ、フリードリヒ・ヴィルヘルム著、三島憲一訳［1984］「遺された断層」『ニーチェ全集』第2期第9巻。

ニーチェ、フリードリヒ・ヴィルヘルム著、木場深定訳［1940］『道徳の系譜』岩波文庫。

橋本武久［2008］『ネーデルラント簿記史論―Simon Stevin簿記論研究―』同文舘出版。

ピケティ、トマ著、山形浩生・守岡桜・森本正史共訳［2014］『トマ・ピケティ21世紀の資本』みすず書房。

ファーガソン、ニーアル著、仙名紀訳［2015］『マネーの進化史』早川書房。

福澤諭吉譯［1873］『帳合之法　初編一、二』慶應義塾出版局（雄松堂書店復刻版、1979年）。

――［1874］『帳合之法　本編一、二』慶應義塾出版局（雄松堂書店復刻、1979年）。

ペティグリー、アンドルー著、桑木野幸司訳［2015］『印刷という革命―ルネサンスの本と日常生活』白水社。

星川長七［1960］『英国会社法序説』勁草書房。

本間輝雄［1963］『イギリス近代株式会社法形成史論』春秋社。

ポーター、ロイ著、目羅公和訳［1996］『イングランド18世紀の社会』法政大学出版局。

ボワイエ、ロベール著、山田鋭夫・坂口明義、原田裕治監訳［2011］『金融資本主義の崩壊』冨士和屋書店。

三浦伸夫［2016］『フィボナッチ―アラビア数学から西洋中世数学へ―』現代数学社。

宮下規久朗［2016］『ヴェネツィア―美の都の一千年』岩波新書。

村上陽一郎［2020］『ペスト大流行―ヨーロッパ中世の崩壊』岩波新書（初刷１９８３年）。

森田義之［1999］『メディチ家』講談社現代新書。

山浦久司［1993］『英国株式会社会計制度論』白桃書房。

湯沢　威［2014］『鉄道の誕生―イギリスから世界へ―』創元社。

ランケ、レオポルト著、鈴木成高、相原信作共訳［1961］『ランケ世界史外観―近世史の諸時代（第23刷改版）、岩波文庫。

レブ、バルーク、フェン・グー共著、伊藤邦雄監訳［2018］『会計の再生』中央経済社。

渡邉　泉［1993］『決算会計史論』森山書店。

――――［2005］『損益計算の進化』森山書店。

――――［2016］『帳簿が語る歴史の真実―通説という名の誤り』同文舘出版。

――――［2017］『会計学の誕生―複式簿記が変えた世界』岩波新書。

――――［2019a］『会計学者の責任―歴史からのメッセージ』森山書店。

――――［2019b］「『単式簿記から複式簿記へ』の再再考」『會計』第１９６巻第４号。

――――［2020］『原点回帰の会計学―経済的格差の是正に向けて』同文舘出版。
――――編著［2014］『歴史から見る公正価値会計―会計の根源的な役割を問う』森山書店。

AAA［1966］*A Statement of Basic Accounting Theory*, Illinois, 飯野利夫訳［1969］『アメリカ会計学会基礎的会計理論』国元書房。

Alvaro, Martinelli［1974］*The Origination and Evolution of Double Entry Bookkeeping to 1440, Part 1 & Part 2*, Michigan & London.

Bindman, David［1985］*Hogarth*, New York.

Booth, Benjamin［1789］*A Compete System of Book-keeping, by an improved Mode of Double-Entry*, London.

Bramah, Edward［2005］*The Bramah Tea & Coffee Walk around London*, London.

Broadbridge, Seymour［1970］*Studies in Railway Expansion and the Capital Market in England 1825-1873*, Guildford and London.

Brown Richard ed.［1905］*A History of Accounting and Accountants*, Edinburgh.

Bywater, M. F. and B. S. Yamey［1982］*Historic Accounting Literature : a companion guide*, Yushodo.

De Roover, Raymond［1974］*Business, Banking and Economic Thought*, Chicago & London.

Edwards, J. R. ed.［1980］*British Company Legislation and Company Accounts 1844-1976*, Vol. 1, New York.

Edwards, J. R. and C. Baber［1979］"Dowlais Iron Company : Accounting, Policies and Procedures for Profit Measurement and Reporting Purposes", *Accounting and Business Research*, Vol. 9 No. 34, Spring.

Glamorgan Record Office [1960] *Iron in The Making. Guide to Exhibition Held County Hall*, Glamorgan County Records Committee.
———D/DG, E 3(ii).
Glasgow University Archives ed., *Busines Records Guide*, UGD 91.
Hamilton, Robert [1788] *An Intoroduction to Merchandise*, 2nd ed., Edinburgh, (1st ed. 1777)).
Hannay, James [18--?] *The Complete Works of William Hogarth*, London.
Have, Onko Ten [1956] "Simon Stevin of Bruges", Littleton, A. C. and B. S. Yamey eds. *Studies in the History of Accounting*, London.
Hutton, Charles [1771] *The School master's guide : or, A complete system of practical arithmetic and book-keeping, both by single and double entry, Adapted to the use of schools*, New Castle.
——— [1785] *A Complete Treatise on Practical Arithmetic; and Book-keeping Both by Single and Double Entry*, 7th ed., London.
Jäger, Ernst Ludwig [1876] *Lucas Paccioli und Simon Stevin, nebst einigen jüngeren Schrftstellern über Buchhaltung*. Stuttgart.
Jones, Edgar [1987] *A History of GKN, Vol. 1 : Innovation and Enterprise, 1759-1918*, Houndmills.
Lane, Fredric C. [1944] *Andrea Barbarigo Merchant of Venice 1418-1449*, Baltimore.
Lisle, George ed. [1903] *Encyclopedia of Accounting*, Vol. 1, Edinburgh.
Littleton, A. C. [1966] *Accounting Evolution to 1900*, 2nd ed. (1st ed. 1933), New York. 片野一郎訳 [1978]『リトルトン会計発達史［増補版］』同文舘出版、（初版１９５２年）。

——— [1967]、*Structure of Accounting Theory*, 7th ed.（1st ed. 1953）, Illinois. 大塚俊郎訳 [1966]『会計理論の構造 [第４刷]』東洋経済新報社、（初刷１９５５年）。

Mair, John [1736] *Book-keeping Methodizd*, Edinburgh.

Malcolm, Alexander [1731] *A Tratise of Book-keeping, or Merchants Accounts*, London.

Matheson, Ewing [1903] *The Depreciation of Factories and Their Valuation*, 3rd ed., London and New York.

Moss, Michael [1984] "Forgotten Ledgers, Law and The Business Historians : Gleanings from The Adam Smith Business Records Collection" : *Archives*, Vol. XVI No. 72.

Murray, David [1930] *Chapters in the History of Bookkeeping Accountancy & Commercial Arithmetic*, Glasgow.

Previts, Gary John [1979] *A History of Accounting in America : An Historical Interpretation of the Cultural Significance of Accounting*, Barbara Dubis Merino.

Smart, Edward [1932] *History of Perth Academy*, Perth.

Stevin, Simon [1605] *Vierde Stvck Der Wisconstighe Ghedachtnissen Vande Weeghconst*' "Schvltbovck in Bovkhovding", Leyden.

Taylor, R. Emmett [1942] *No Royal Road Luca Pacioli and his Times*, The University of North Calolina Press.

VHS, "Luca Pacioli Unsung Hero of the Renaissance", South-Western Co.

Yamey, B. S. [1978] *Essays on the History of Accounting*, New York.

——— [1944] "Edwards Jones's English System of Bookkeeping", *Accounting Review*,Vol.XIX No.IV.
Ympyn, Jan Christofells [1543] *Nieuwe Instructie*, Antwerpen.
——— [1543] *Nouuelle Instruction*, Antwerpen.
——— [1547] *A notable and very excellente Work*, London.

挿入写真の一覧（撮影は著者，一部絵葉書と他著書からの転用あり）

掲載頁	写真の簡単な説明	場　　所
プロローグ　会計学の原点を求めて		
1頁中扉	パチューリ50歳の時の肖像画	ミラノ：カポディモンテ美術館
3頁	最古の勘定記録第1葉	フィレンツェ：メディチア・ロレンチアーナ図書館
5頁	インピン簿記書オランダ語版：神への誓い	渡邉蔵書
第1話　複式簿記の誕生		
11頁中扉	羊皮紙で綴じられた15世紀の仕訳帳の表紙	ヴェネツィア古文書館
13頁	フィレンツェのドゥオーモの横顔	フィレンツェ
	サン・ジョヴァンニ洗礼堂の扉	フィレンツェ
14頁	メディチ・ロレンチアーノ図書館の回廊	フィレンツェ
16頁	プッチー通りの露店	フィレンツェ
	ジョットの鐘楼とドゥオーモの夜景	フィレンツェ
17頁	シニョリーア広場に集う観光客	フィレンツェ
	アルノ川から見たウッフィッチ美術館	フィレンツェ
18頁	ピッティ宮殿のボボリ広場	フィレンツェ
19頁	ミケランジェロやダンテが眠るサンタ・クローチェ教会	フィレンツェ
	フィレンツェ古文書館	フィレンツェ
22頁	サンタポリナーレ・ヌオーヴァ教会の壁画	ラヴェンナ
23頁	サンタポリナーレ・イン・クラッセ教会	ラヴェンナ
	サン・ヴィターレ教会のモザイク	ラヴェンナ

掲載頁	写真の簡単な説明	場　　所
25頁	ダンテの墓	ラヴェンナ
	サン・マルコ広場の露店	ヴェネツィア
26頁	聖マルコの遺骸を祭ったサン・マルコ寺院	ヴェネツィア
	共和政時代の政治の中心ドゥカーレ宮殿	ヴェネツィア
27頁	サン・ジョルジョ・マッジョーレ教会を望む	ヴェネツィア
	サンタ・マリア・デッラ・サルーテ教会を望む夕暮れ時	ヴェネツィア
28頁	時を刻むサン・マルコ広場の時計塔	ヴェネツィア
31頁	サンタ・マリア・グロリオーサ・ディ・フラーリ教会	ヴェネツィア
	ヴェネツィア古文書館の入口	ヴェネツィア
32頁	アンドレア・バルバリゴの仕訳帳	ヴェネツィア古文書館
33頁	ソランツォ兄弟商会の元帳	ヴェネツィア古文書館
34頁	多くのおしゃれな店が立ち並ぶリアルト橋	ヴェネツィア
	サン・ジョコモ・ディ・リアルト聖堂	ヴェネツィア
35頁	サン・マルコ広場の夜の演奏会	ヴェネツィア
36頁	ムラーノ島のガラス工房	ヴェネツィア
37頁	ムラーノ島の街並み	ヴェネツィア
	レースの島ブラーノ島の街並み	ヴェネツィア
39頁	プラトーの12，13世紀に建てられたドゥオーモ	プラトー
	プラトーの古文書館の正面扉	プラトー
40頁	プラトーにあるダティーニの像	プラトー
42頁	ヴァチカン市国入口のサン・ピエトロ広場	ローマ

掲載頁	写真の簡単な説明	場　　所
43頁	詩人キーツが療養のために滞在した逗留先	ローマ
	キーツと友人の画家セヴァーンの墓	ローマ
46頁	サンセポルクロのラウディー宮殿	サンセポルクロ
47頁	ラウディー宮殿入口のパチョーリへの賛辞	サンセポルクロ
	『スンマ』を持つパチォーリの立像	サンセポルクロ
49頁	マドンナと子：聖フェデリーコ・ダ・モンテフェルトロと共に	サンセポルクロ美術館の絵葉書（右から2番目がパチョーリ）
	モナ・リザを描くダ・ビンチとパチョーリ	小島男佐夫『簿記史論考』より
51頁	パチョーリ50歳の時の肖像画	ナポリのカポディモンテ美術館
	カポディモンテ美術館	ナポリ
53頁	『スンマ』初版のタイトルページ	渡邉蔵書（大学堂書店復刻版）
	『スンマ』第2版のタイトルページ	大阪経済大学図書館蔵
54頁	『スンマ』初版の簿記論の第1頁	渡邉蔵書（大学堂書店復刻版）
	『スンマ』2版の簿記論の第1頁	大阪経済大学図書館蔵
第2話　複式簿記の伝播		
57頁中扉	プランタン＝モレティス博物館の中庭の壁像	アントワープ
60頁	リュイエールとデュ・マルクの元帳	ブルージュ古文書館
63頁	プランタン＝モレトゥス博物館の印刷機	アントワープ
70頁	インピン簿記書：オランダ語版	渡邉蔵書
73頁	ステフィン『数学的回想録』第1頁	渡邉蔵書

掲載頁	写真の簡単な説明	場　　所
74頁	紫陽花の原種のシチダンカ	神戸市立森林植物園
75頁	ステフィンの生家	デン・ハーグ
76頁	ステフィン『数学的回想録』の状態表	渡邉蔵書
	ステフィン『数学的回想録』の損益表	渡邉蔵書
78頁	キューケンホフのチューリップ畑	アムステルダム
80頁	ダフォーン『商人の鏡』タイトルページ	渡邉蔵書
81頁	ダフォーンの多桁式試算表	渡邉蔵書
第3話　簿記から会計へ		
85頁中扉	スティーヴンソンのロケット号	ロンドン・サイエンス・ミュージアム
86頁	ピール『簿記を完全に理解するための方法と様式』	渡邉蔵書
89頁	ホッガース「南海泡沫」版画	サー・ジョン・ソーン博物館
90頁	ホッガース「ビール街」版画	サー・ジョン・ソーン博物館
	ジェームズ・スミス&サンの傘と杖の店	ロンドン
91頁	ターナー「グレート・ウェスタン鉄道」	ロンドン・ナショナル・ギャラリーの絵葉書より
92頁	モネ「『サン・ラザール駅』の蒸気機関車」	オルセー美術館の絵葉書より
93頁	ビッグ・ベンを望むチャーチル	ロンドン

掲載頁	写真の簡単な説明	場　所
95頁	「２人の徴税官」	ヤーメイ著『芸壽と会計』より
	「守銭奴」	ヤーメイ著『芸術と会計』より
98頁	「ベアリング商会創始者の３人」	ヤーメイ著『芸術と会計』より
100頁	ベアリング商会の試算表に記されたサイン	ベアリング商会の記録保管所
	署名入りのフィンレイ商会の残高帳	グラスゴー大学のアーカイヴス
102頁	ケンジントン・チャーチ・ストリートのパブ	ロンドン
	マネ「フォリー＝ベルジェールのバー」	ロンドン：コートールド・ギャラリーの絵葉書より
105頁	ランズ・エンドに立つ世界各地までの標識	コーン・ウォール半島の西端
	セント・マイケルズ・マウントの雄姿	コーン・ウォール半島の西端
106頁	セント・アイヴズのバーナード・リーチ記念館	セント・アイビス
107頁	マイ・フェア・レディの舞台になったコヴェント・ガーデン	ロンドン
	クイーンズ・シアターの看板	ロンドン
108頁	コーヒー・ハウスの所在地：	ブラマー著『茶とコーヒーのロンドン巡り』より

掲載頁	写真の簡単な説明	場　所
110頁	シティの金融の象徴ロイヤル・エクスチェンジ	ロンドン
	テムズ川にかかるタワー・ブリッジ	ロンドン
111頁	ピープス氏の名前がつけられたパブ	ロンドン
112頁	大航海時代の帆船カティ・サーク号	グリニッジ
114頁	王立植物園キュー・ガーデンの入口	ロンドン郊外
	世界の植物が集められたキュー・ガーデンの温室	ロンドン郊外
115頁	ナショナル・アーカイヴス	ロンドン郊外キュー
	大英図書館と背後にセント・パンクラス駅	ロンドン
116頁	マルクスが毎日座っていた座席：旧大英博物館	ロンドン
	マルクス『資本論』第２版（ハンブルク版）	大阪経済大学図書館
117頁	サイエンス・ミュージアムのロケット号	ロンドン
120頁	カーディフ城にあるノーマン・キープ	カーディフ
	グラモーガン・レコード・オフィスの入口	カーディフ
121頁	利益が在庫の増加であると指摘した手紙	グラモーガン・レコード・オフィス
122頁	美しさを誇るキャッスル・コッホ城	カーディフ近郊
	13世紀ノルマン人によって建てられたケーフェリー城	カーディフ近郊
126頁	英国最古の家並みが残るカースル・クーム	コッツウォルズ
127頁	モリスが最も美しいと称えたバイブリー	コッツウォルズ
	ボートン・オン・ザ・ウオーターの街並み	コッツウォルズ

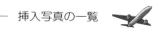

掲載頁	写真の簡単な説明	場　　所
142頁	クイーンズ駅前のジェームズ・ワットの像	グラスゴー
143頁	明治初期に多くの日本人が留学したグラスゴー大学	グラスゴー
144頁	マッキントッシュのティー・ショップ	グラスゴー
	グラスゴー大学の古文書館入口	グラスゴー
145頁	フィンレイ商会の残高帳：グラスゴー大学古文書館	グラスゴー
146頁	ケルヴィングローヴ美術・博物館	グラスゴー
	第４話　管理会計の登場	
147頁中扉	ボストン湾で襲撃された茶を満載した帆船	ボストン
151頁	トラファルガー広場のネルソン提督像	ロンドン
153頁	火災に会う前のボストン茶会事件博物館	ボストン
156頁	ブース『完全簿記体系』	渡邉蔵書
157頁	ハミルトン『商業入門』歳２版	渡邉蔵書
160頁	ジョーンズ『ジョーンズのイギリス式簿記』	渡邉蔵書
162頁	デフォー『完全なイギリス商人』第２版	大阪経済大学図書館
166頁	ICAEWの正面玄関上部の飾り	ロンドン
	第５話　複式簿記の伝来	
175頁中扉	福澤諭吉『帳合之法』二編二冊（複式簿記）	渡邉蔵書
179頁	砂鉄から出るノロ（鉄滓）	安来「和鋼博物館」展示ガイドより
180頁	菅谷山内の田部家のたたら（砂鉄から鉄を作る製法）の帳簿は島根県雲南市の旧田部家に保管	安来「和鋼博物館」展示ガイドより

掲載頁	写真の簡単な説明	場　　所
188頁	ブライアント，ストラットン著『ブライアント，ストラットンの一般学校簿記』タイトルページ	渡邉蔵書
189頁	福澤諭吉譯『帳合之法』初編二冊（略式）	渡邉蔵書
	福澤諭吉譯『帳合之法』二編二冊（本式）	渡邉蔵書
195頁	福澤諭吉生誕の地と中津藩跡地の碑	大阪市福島区
	一子相伝の小鹿田焼の窯元	大分県日田市
196頁	シャンド著『銀行簿記精法』	渡邉蔵書
201頁	小林儀秀訳『馬耳蘇氏記簿法』	渡邉蔵書
エピローグ　新たな地平の先に		
203頁中扉	アダム・スミス『国富論』初版第２冊	大阪経済大学図書館

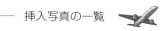

著者との契約により検印省略

令和３年９月15日　初版第１刷発行

世界をめぐる会計歴史紀行
－新たな地平を求めて－

著　者　渡　邉　泉
発行者　大　坪　克　行
印刷所　税経印刷株式会社
製本所　牧製本印刷株式会社

発行所　〒161-0033 東京都新宿区下落合２丁目５番13号　株式会社 税務経理協会
振　替 00190-2-187408　電話 (03)3953-3301（編集部）
ＦＡＸ (03)3565-3391　(03)3953-3325（営業部）
URL　http://www.zeikei.co.jp/
乱丁・落丁の場合は，お取替えいたします。

ISBN978-4-419-06824-0　C3034